PRICING REVOLUTION

DANILO ZATTA

PRICING REVOLUTION

Cómo la fijación de precios afecta la
forma en que compramos *online* y *offline*

EMPRESA ACTIVA

Argentina – Chile – Colombia – España
Estados Unidos – México – Perú – Uruguay

Título original: *The Pricing Revolution*
Editor original: John Wiley $ Sons.
Traducción: Andrés Ruster López

1.ª edición Noviembre 2022

ISBN: 978-84-16997-71-8
E-ISBN: 978-84-19413-69-7
Depósito legal: B-17.016-2022

Fotocomposición: Ediciones Urano, S.A.U.
Impreso por: Rodesa, S.A. – Polígono Industrial San Miguel
Parcelas E7-E8 – 31132 Villatuerta (Navarra)

Impreso en España – *Printed in Spain*

A mi esposa Babette y a mis hijos Natalie, Sebastián y Marilena
que me cargan de energía cada día.

En memoria de mi madre Annemarie
—Te llevaré siempre en mi corazón.

ÍNDICE

Prefacio 11

PARTE I: La revolución del modelo de fijación de precios . . . 13

   1. La rentabilización como prioridad 15

PARTE II: Nuevos enfoques de rentabilización 27

   2. Pago por uso / por lavado / por kilómetro 29

   3. Precio por suscripción 51

   4. Precios basados en los resultados 69

   5. Precio psicológico 87

   6. Precios dinámicos 107

   7. Precios basados en la inteligencia artificial 127

   8. *Freemium* 141

   9. Precios comprensivos 157

   10. Precios participativos 171

   11. *Neuropricing* 189

PARTE III: Cómo ganar 205

12. Tener éxito con los nuevos modelos de fijación de precios 207

Agradecimientos 219

Notas 221

Sobre el autor 235

PREFACIO

«Inventemos el mañana en lugar de preocuparnos por lo que pasó ayer».

STEVE JOBS

Cada vez más ejecutivos de alto nivel se dan cuenta del papel clave que desempeña la gestión profesional de los precios. De ser un requisito operativo para hacer negocios, la fijación de precios se ha convertido —primero en Estados Unidos y luego también en Europa, Asia, Oriente Medio y África— en una prioridad clave en la agenda de los directores generales. De hecho, se ha demostrado que las empresas en las que la fijación de precios es una prioridad de nivel C (alta dirección) superan a sus pares en términos de rentabilidad.

El contexto de los avances tecnológicos y el progreso de la ciencia de los datos, junto con los nuevos ecosistemas y las nuevas fronteras del marketing, están desarticulando los antiguos modelos de ingresos, acelerando lo que llamamos la «Revolución del modelo de fijación de precios»: una forma innovadora de captar el valor entregado por las empresas a sus clientes.

El desarrollo de nuevos modelos de fijación de precios a menudo significa dar la vuelta a una situación de disminución de ingresos y beneficios para volver a la senda del crecimiento rentable. También ayuda a establecer una ventaja competitiva con respecto a las empresas que se aferran al mundo transaccional y aplican los precios a la vieja usanza.

El objetivo del libro es ilustrar las muchas nuevas vías de rentabilidad empresarial que ofrecen los enfoques innovadores de fijación de precios. En la Parte I, comenzamos con los antecedentes y el contexto del modelo revolucionario de fijación de precios. En la Parte II se detallan diez de esos enfoques, siempre siguiendo tres pasos: primero, un *análisis de casos* concretos que ilustra las aplicaciones en la vida real del enfoque presentado en el capítulo. En segundo lugar, en la sección de *análisis del contexto* se presenta una inmersión en el tema. En tercer lugar, en el resumen se destacan las principales enseñanzas del capítulo. En la Parte III se ilustra cómo ganar dentro de la Revolución del modelo de fijación de precios.

Este libro pretende servir como fuente de inspiración y como plataforma de *brainstorming* que proporciona varios estudios de casos reales, anécdotas y también ejemplos de rentabilización corporativa y modelos de precios para ayudar al lector a encontrar su camino para mejorar su propio enfoque de aprovechamiento de los precios.

DANILO ZATTA
Roma/Múnich, mayo de 2022
danilo.zatta@alumni.insead.edu

PARTE I

LA REVOLUCIÓN DEL MODELO DE FIJACIÓN DE PRECIOS

1

LA RENTABILIZACIÓN COMO PRIORIDAD

«La decisión más importante a la hora de evaluar una empresa
es la capacidad de fijación de precios.
Si tienes el poder de subir los precios sin perder ventas frente
a un competidor, tienes un muy buen negocio.
Y, si tienes que hacer una sesión de oración antes de subir el
precio un 10 %, entonces tienes un negocio espantoso».

WARREN BUFFETT,
PRESIDENTE DE BERKSHIRE HATHAWAY

La fijación de precios: La nueva fuente de ventaja competitiva

Las empresas con más éxito —las que obtienen beneficios por encima de la media— han descubierto la nueva fuente de obtener una ventaja competitiva: la fijación de precios y, junto a ella, la forma de captar el valor que proporcionan a sus clientes mediante enfoques innovadores de rentabilización.

A pesar de ser el principal y más fuerte impulsor de los beneficios, en muchas empresas la fijación de precios sigue siendo un mero potencial. Esto no permite obtener todos los beneficios, mientras que, en el peor de los casos, un modelo de precios inadecuado acaba perdiendo clientes y, con ellos, ingresos y beneficios.

Fijamos los precios: «Como siempre lo hemos hecho» o «Añadiendo nuestro margen al coste base», son afirmaciones típicas del viejo mundo, cuando las ventas eran puramente transaccionales. «Yo te doy un producto X y tú me das Y dólares» era el mantra de entonces. En un contexto en el que la demanda superaba a la oferta, en el que las exigencias de los clientes eran poco sofisticadas, en el que los competidores eran más o menos análogos y en el que la tecnología no estaba extendida, este podría haber sido un enfoque sostenible. Hoy no. Ha llegado el momento de cambiar.

Sin embargo, también hay empresas que se han dado cuenta de la importancia de la fijación de precios, pero o bien carecen de un enfoque estructurado para optimizar su rentabilidad, o simplemente lo ignoran y pasan por alto las numerosas palancas de fijación de precios que, si se activaran, podrían mejorar considerablemente sus beneficios; o bien no cuentan con la suficiente atención de la alta dirección en este tema clave. Las empresas más exitosas son las que tienen como prioridad número uno la comprensión total del valor percibido por sus clientes, combinada con enfoques innovadores de fijación de precios.

Una de las primeras cosas que tienen muy claras es que el precio es el principal motor de los beneficios.

Si tomamos el caso de una empresa con unos costes fijos que ascienden a 30 millones de dólares, unos costes variables que ascienden a 60 dólares, un volumen de ventas de 1 millón de unidades y un precio igual a 100 dólares, nos encontramos con un beneficio de 10 millones de dólares. Si en este ejemplo mejoramos en un 1 % cada uno de estos factores, en la ecuación dada por el beneficio igual al precio por la cantidad, o los ingresos menos los costes tanto fijos como variables, tenemos el siguiente resultado: la fijación de precios, en comparación con los otros tres factores de beneficio (es decir, los costes fijos en un 3 %, la cantidad en un 4 % y los costes variables en un 6 %) es el que tiene el mayor impacto: el aumento de los beneficios hasta en un 10 % (véase el cuadro 1.1).

Cuadro 1.1: Impacto del 1 % en todos los factores de beneficio

	Situación inicial	Mejora del 1 %	Nuevos beneficios	Aumento de los beneficios
Costes fijos	$30.000.000	$29.700.000	$10.300,000	3 %
Cantidad	$1.000.000	$1.010.000	$10.400,000	4 %
Costes variables	$60	$59,4	$10.600,000	6 %
Precio	$100	$101	$11.000,000	10 %

Fuente: Adaptado de Zatta Danilo et al. (2013), *Price Management*, Franco Angeli, p. 15.

Las empresas con beneficios superiores a la media comprendieron este mecanismo hace tiempo: saben que la fijación de precios no solo es la palanca más poderosa, sino que también es la que funciona más rápidamente. Mientras que, en el lado de los costes, las mejoras de incluso un mero 1 % pueden requerir grandes inversiones y llevar mucho tiempo (por ejemplo, para trasladar las plantas de producción a países con bajos costes de producción, etc.), una mejora del 1 % en la fijación de precios puede producirse instantáneamente y a coste cero (por ejemplo, cuando se cambian las etiquetas de precios digitales en los estantes de los comercios en tan solo unos segundos y a coste cero).

Una vez comprendido el poder de la fijación de precios, las empresas se preguntan qué palancas deben activar para mejorar su capacidad de monetización. La respuesta a esta pregunta es que no existe una única palanca de fijación de precios, sino varias palancas que pueden activarse potencialmente, como se indica en el marco de fijación de precios representado en la figura 1.1.[1] Estas palancas pueden asignarse a cuatro categorías.

Figura 1.1: El marco de fijación de precios: de la estrategia de precios a la dirección de los mismos

Fuente: Cortesía de Horváth

La primera está relacionada con la estrategia de precios y contiene varias facetas, como el modelo de ingresos, el posicionamiento y la diferenciación. Además, la dirección fijada por la empresa en relación con sus prioridades de monetización forma parte de esta primera categoría: una de las cuestiones que se abordan es la de si la empresa estaría dispuesta o sería reacia a sacrificar la cuota de mercado para aumentar sus beneficios. En la industria del automóvil, hasta hace unos años, la respuesta a esta pregunta era un claro no: el volumen y la cuota de mercado mandaban. Hoy en día, la opinión al respecto ha cambiado drásticamente.

La segunda categoría se refiere a la fijación de precios. La lógica de precios, la fijación de precios de la cartera y la fijación de precios de productos y servicios son facetas clave aquí. Si tomamos como ejemplo la lógica de precios, encontraremos varios enfoques posibles —desde el precio de coste más algo, el precio competitivo o el precio de valor— en función de la madurez de precios de una empresa, como se indica en la figura 1.4.

Una vez definida la estrategia de precios y fijados estos, en el proceso de ventas vemos cómo pasan del precio de lista inicial al precio transaccional final. Esta es la esencia de la tercera categoría —llamada aplicación de precios— con, por ejemplo, los términos y condiciones proporcionados por la empresa a sus revendedores y socios de distribución, la ejecución y la negociación de los precios. También hay empresas que venden directamente o que no venden a través de listas de precios, por ejemplo, que operan en el negocio de proyectos con productos o servicios muy personalizados —todos estos casos se contemplan también en esta tercera categoría.

Por último, las empresas tienen que controlar y garantizar que se alcance el objetivo de rentabilidad a final de año. Para ello, es necesario controlar los precios, como se indica en la última categoría, en la que entran en juego el control de los precios, el análisis de los mismos y la elaboración de informes.

Para garantizar que la fijación de precios se convierta en una parte integral de la empresa y se integre adecuadamente, existe una capa de apoyo, denominada facilitadores de precios. Una organización de precios claramente estructurada, unos procesos de fijación de precios definidos (por ejemplo, en relación con las revisiones y los aumentos de precios anuales), unos sistemas informáticos de fijación de precios y unas habilidades de fijación de precios son todos ellos facilitadores relevantes.

Para mostrar cuántas y diversas palancas de fijación de precios pueden activar las empresas, se pueden revisar los elementos mostrados como ejemplos en la figura 1.2,[2] donde se muestra su impacto típico en los beneficios. Estos elementos pueden variar de un sector a otro y en términos de elementos individuales e impacto en los beneficios. Sin embargo, el mismo aprendizaje clave es válido para todas las industrias: para ser más rentable no hay que activar un solo elemento en el lado de los ingresos. Se pueden optimizar varias palancas de precios y la suma del impacto de cada una de ellas genera una mejora sustancial de los beneficios.

Los desencadenantes de la revolución del modelo de precios

En los últimos años hemos observado que las empresas han cambiado sus enfoques de rentabilización: las más rentables han sido capaces de evaluar de dónde procede el valor a ojos de sus clientes y de adaptar sus enfoques de precios en consecuencia, creando una ventaja competitiva sostenible.

El periodo de la pandemia 2020-2022 dio un nuevo impulso al cambio y a la digitalización, abriéndose a la fijación de precios y a nuevos modelos de ingresos, barreras que antes parecían imposibles de saltar.

Partiendo de la base de este cambio pionero en la forma en que las empresas aprovechan el valor que aportan a sus clientes, hay elementos concretos que hemos agrupado en cuatro grupos: son los aceleradores o desencadenantes de la revolución del modelo de precios (figura 1.3). Están cambiando, y cambiarán cada vez más, la forma en que las empresas extraen y seguirán extrayendo valor del mercado.

Figura 1.2: Marco de precios: elementos clave e impacto en los beneficios

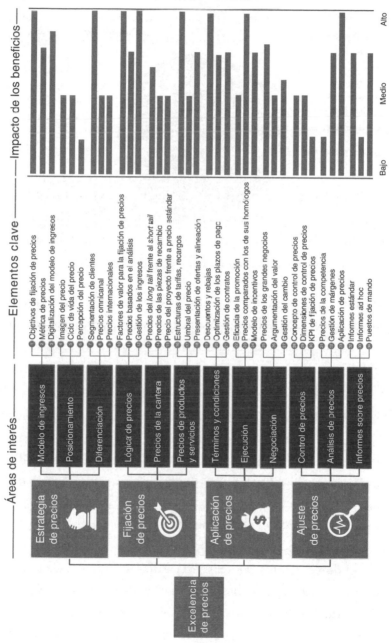

Fuente: Cortesía de Horváth

Figura 1.3: Los cuatro desencadenantes de la revolución del modelo de precios

Innovación tecnológica

- Digitalización
- Computación en la nube
- Internet de las cosas
- Sistemas autónomos
- Procesos de automatización robótica
- Realidad aumentada

Progreso de la ciencia de datos

- Inteligencia artificial
- *Machine learning*
- Sistemas cognitivos evolucionados
- Reconocimiento de patrones
- *Big data* y en tiempo real

Nuevos ecosistemas

- Economía compartida
- Economía de suscripción
- Economía de plataformas
- Economía de redes
- Economía de experiencias

Marketing del futuro

- Hiperpersonalización
- Ciencias del comportamiento
- Redes sociales
- Agilidad en el marketing
- Analíticas incorporadas

La innovación tecnológica de los últimos años es el primer factor desencadenante: ha sentado las bases para elevar los precios a un nuevo nivel: la digitalización, la computación en la nube, el internet de las cosas (IoT), los sistemas autónomos, la automatización de procesos robóticos o la realidad aumentada. Las nuevas aplicaciones en la nube o la tarificación digital son a menudo los requisitos previos para una gestión de precios holística y orientada a los datos.

El progreso de la ciencia de los datos es el segundo desencadenante: hay nuevas cantidades de datos, y de mayor calidad, que crean potenciales completamente nuevos para la fijación de precios. Basta pensar en las enormes cantidades de *big data* disponibles y en cómo esto puede proporcionar elasticidad en tiempo real respecto a productos individuales o descuentos óptimos gracias a la inteligencia artificial. Lo que la ciencia de los datos puede generar hoy en día en términos de conocimiento en el ámbito de la fijación de precios parecía ciencia ficción hace tan solo unos años.

Hoy en día esto también ocurre dentro de los nuevos ecosistemas, el tercer detonante, centrado en la compartición o el uso repetido de los productos, pero sin posarlos: este tipo de ecosistema requiere nuevos modelos de precios que no existían en el viejo mundo de los precios transaccionales.

El marketing del futuro, o marketing 5.0, concluye la serie de los cuatro desencadenantes; la hiperpersonalización, iniciada tímidamente con la introducción de sistemas de gestión de ingresos en el sector de los servicios, asume nuevas dimensiones gracias a la feliz combinación de la innovación tecnológica y el progreso de la ciencia de los datos. Lo mismo ocurre con las inspiraciones procedentes de las ciencias del comportamiento y la agilidad en el marketing.

Estos cuatro desencadenantes son la base de la revolución del modelo de precios.

La revolución del modelo de fijación de precios

El modelo transaccional basado en la posesión de un producto es cosa del pasado, en todo caso es un modelo de precios inferior. Los nuevos y más innovadores modelos de precios, centrados en la rentabilidad del uso o en el resultado que produce el producto, han demostrado ser claramente superiores. Su introducción ha permitido a las empresas en crisis reinventarse, eliminando la resistencia a la compra y acogiendo la disposición del cliente a pagar. ¿Cómo está cambiando entonces la gestión de este motor de beneficios tan importante?

En la figura 1.4 [3] vemos cómo ha evolucionado la fijación de precios. Las empresas que utilizan una fijación de precios básica son las menos rentables. Aquí encontramos la ausencia de una lógica de precios coherente: se mantiene el mismo precio durante un largo periodo. En la fijación de precios basada en el coste más un margen, esta se basa puramente en el razonamiento y los cálculos internos: se añade un margen objetivo al coste, que equivale al precio de venta. Es fácil de calcular, si la estructura de costes es sólida, pero de nuevo se limita a una perspectiva interna que ignora a los competidores y a los clientes. Aunque la fijación de precios de la competencia mira más allá, ignora el valor «percibido» por sus clientes. Todo esto se tiene en cuenta en la fijación de precios según el valor, que es el enfoque más completo y prometedor de todos los descritos hasta ahora.

Figura 1.4: Evolución de la fijación de precios: de los precios básicos a la revolución de los modelos de precios

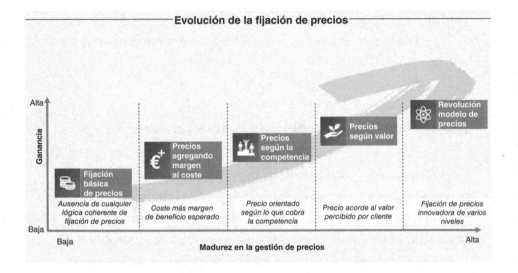

Fuente: Cortesía de Horváth

Al recorrer las etapas de madurez en la gestión de precios, las empresas aumentan por término medio su rentabilidad sobre las ventas entre un 2 % y un 8 % en función de la etapa de desarrollo, lo que suele suponer una mejora sustancial de los beneficios.

Es con la revolución del modelo de precios que alcanzamos el Olimpo de la fijación de precios.

Representa la evolución de la fijación de precios basada en el valor que crece y se sofistica gracias a enfoques de precios que, de forma innovadora, crean una firme ventaja competitiva.

En este libro hemos identificado 10 elementos que denotan enfoques innovadores de rentabilización que, en muchos casos, representan pilares clave de la ventaja competitiva de una empresa:

1. Pago por uso
2. Suscripción
3. Precios basados en los resultados
4. Precios psicológicos
5. Precios dinámicos
6. Precios basados en la inteligencia artificial
7. *Freemium*
8. Precios comprensivos
9. Precios participativos
10. *Neuropricing*

Estos nuevos enfoques de la rentabilización no se limitan a determinados sectores o zonas geográficas: son omnipresentes y seguirán evolucionando, cambiando cada vez más las reglas del juego comercial. Crean una transparencia en cuanto a las necesidades de los clientes, el uso de los productos y la disposición a pagar, que nunca antes había existido. Los productos se transforman en servicios. Su valor se traduce en unidades medibles de rendimiento.

La revolución del modelo de precios establece un imperativo estratégico: una nueva forma de fijar los precios está aquí y es la nueva e imparable fuente de ventaja competitiva.

Resumen

De todos los impulsores de los beneficios —es decir, volumen, precio y coste— el precio no solo es el más importante, sino que también es el que puede realizarse con mayor rapidez y eficacia que todos los demás.

Para aumentar la rentabilidad mediante la fijación de precios, las empresas pueden activar múltiples palancas. El marco de fijación de precios agrupa las palancas clave en las siguientes categorías: estrategia de precios, fijación de precios, implementación de precios y conducción de precios.

Además, los facilitadores de precios ayudan a integrarlos adecuadamente en una organización.

No hay una sola palanca, sino todo un conjunto de palancas de precios. La suma de sus efectos suele suponer una importante mejora de los beneficios: una media de entre el 2 % y el 8 % en términos de mayor rentabilidad de las ventas.

Las empresas más rentables empezaron a innovar sus enfoques de fijación de precios, creando una ventaja competitiva sostenible que condujo a una revolución del modelo de precios.

Hay cuatro aceleradores, o desencadenantes, de la Revolución del modelo de precios: la innovación tecnológica, el progreso de la ciencia de los datos, los nuevos ecosistemas y el marketing del futuro.

Hay diez elementos que denotan enfoques innovadores de monetización, que en muchos casos representan pilares clave de la ventaja competitiva de una empresa: pago por uso, suscripción, precios basados en resultados, precios psicológicos, precios dinámicos, precios basados en inteligencia artificial, *freemium*, precios comprensivos, precios participativos y *neuropricing*.

PARTE II
NUEVOS ENFOQUES DE RENTABILIZACIÓN

2

PAGO POR USO / POR LAVADO / POR KILÓMETRO ...

«...solo intenta darte cuenta de la verdad...
Entonces verás que no es la cuchara la que se dobla, sino tú mismo».
De la película *Matrix*

Análisis de caso

Escena: en el exterior, de día.

Un soldado está apoyado en la ventana de una lavandería.

Un joven entra y se quita las gafas de sol. Mientras una niña aparece por detrás de una lavadora gigante, el hombre se quita la camiseta y los pantalones de jean, desnudándose hasta los calzoncillos. Las miradas apreciativas de las chicas, una señora mayor deja caer la mandíbula, mientras el joven se sienta y empieza a leer el periódico junto a un hombre de mediana edad sentado estoicamente en una silla: el triunfo de la adolescencia sobre la rutina diaria.

Este es el anuncio de Levi's de los años 80, con *Heard it Through the Grapevine* de Creedence Clearwater Revival sonando de fondo, protagonizado por un joven Nick Kamen, el tristemente desaparecido músico que impresionó tanto a Madonna, además de a medio mundo, que la llevó a producir su primer disco.

La publicidad de una empresa hace su efecto gracias al estado de ánimo que consigue crear. Del mismo modo, basta con cambiar el orden de los factores para ver cómo esa breve historia (el anuncio original duraba poco más de treinta segundos) puede aplicarse a la dinámica de los precios. En particular, lo importante que es para el cambio no necesariamente quedarse en ropa interior, sino trastocar las reglas de lo que ya existe, por ejemplo demostrando que incluso algo tan fácil como lavar la ropa puede atraer a la gente si se coloca en un contexto diferente. Es nuestra decisión si queremos afrontar el cambio interpretando al joven, al niño, a las chicas pin-up o al hombre sentado en la silla.

Imaginemos ahora que somos el director general de una empresa que fabrica productos eléctricos domésticos de alta gama. La empresa es líder mundial en un nicho de mercado que goza de precios superiores: de hecho, suele vender a grandes clientes de empresa a empresa (B2B), como cadenas de hoteles y restaurantes que pueden permitirse productos de alto precio.

Al principio, dado el posicionamiento estratégico del producto, su negocio crece visiblemente. Y se buscan nuevos mercados: los pequeños pubs y restaurantes se identifican como un nuevo segmento que podría aumentar los ingresos. Sin embargo, el espacio para precios premium ya está «saturado». No es posible exigir precios más altos.

Se trata de un límite conceptual, según la visión de pago por uso. Un poco como el de la película *Matrix* que le dice al protagonista, Neo: «No intentes doblar la cuchara. Eso es imposible. En lugar de eso… solo intenta darte cuenta de la verdad. No hay ninguna cuchara. Entonces verás que no es la cuchara la que se dobla, sino tú mismo». Es lo mismo con el pago por uso. Es imposible doblegar al mercado. En cambio, es mejor modificar las políticas de acercamiento al mercado. Entonces te darás cuenta de un hecho sencillo: el modelo de precios básico es un obstáculo para el crecimiento. Por eso debemos decidirnos a romper con la lógica de los precios tradicionales —basados en la propiedad— y encontrar una forma innovadora de ganar nuevos clientes.

Esto es lo que hizo, por ejemplo, la empresa alemana Winterhalter, líder mundial en el sector de los lavavajillas comerciales de alta calidad, cuando introdujo el pago por lavado.

Como dice Ralph Winterhalter, director general de la empresa, que introdujo un nuevo enfoque de los precios: «Solo pagas el lavavajillas cuando lo utilizas [1]: esto es especialmente importante para todas aquellas empresas que dependen del trabajo estacional, como cervecerías, estaciones de montaña, chiringuitos, donde los lavavajillas no se utilizan durante todo el año. Así que ¿por qué invertir dinero en tener un lavavajillas que ni siquiera utilizas durante la mitad del año?», se preguntan Ralph Winterhalter y todos los clientes potenciales.

Por ello, la empresa puso en marcha el proyecto *Next Level Solutions*, que aprovecha la última tecnología digital para llevar el lavado de vajilla comercial a un nuevo segmento de hostelería, que tradicionalmente no podría permitirse un producto de este tipo.

Esto produjo un doble efecto al apelar también a la exclusividad. El cliente no solo obtiene una sensación de satisfacción por haber pagado menos, sino que el proceso se vuelve objetivamente más eficiente y sostenible mientras que, desde el punto de vista psicológico, se transmite el mensaje de que las cosas se han elevado al mejor nivel posible.

El nuevo modelo de precios de Winterhalter tenía como objetivo ofrecer un lavado de vajilla *premium*, independientemente del presupuesto del cliente, es decir, con la ventaja para este último de que no es necesaria una inversión inicial y se asegura una operación de riesgo cero.

La facturación por uso se calcula por ciclos de lavado.
Los detergentes y otros productos están todos incluidos.
También se tienen en cuenta los servicios posventa, como el mantenimiento y las reparaciones.

Además, el contrato con Winterhalter puede rescindirse en cualquier momento, sin obligaciones, lo que ofrece la máxima flexibilidad.

El caso de Winterhalter muestra lo que significa el pago por uso: los usuarios pueden utilizar los bienes que necesitan cuando los necesitan, sin la carga de la propiedad y sin tener que pagar por los periodos en los que estos preciosos bienes están inactivos. Además, pueden adaptar el modo de uso de forma dinámica, aumentándolo o reduciéndolo para adaptarse a las circunstancias y necesidades futuras imprevisibles, como las preferencias en la demanda, la posición financiera, las condiciones ambientales y otras consideraciones, según el ecosistema en el que operen.

Sin la necesidad de poseer el activo, los clientes pueden dedicar más tiempo y recursos al uso eficiente de los productos (en lugar de a su instalación, mantenimiento y actualización); además, también pueden empezar a utilizar el producto inmediatamente, ya que hoy en día los canales de distribución son cada vez más rápidos y, en muchos casos, digitales.

Análisis del contexto

«Alinear el precio con el uso» es la esencia del pago por uso.

La fuerza de este enfoque radica en su capacidad para derribar las barreras a la compra y ampliar el potencial del mercado, orientando a las empresas y permitiéndoles hacer negocios mediante innovaciones en los modelos existentes.

Una vez establecido, el pago por uso determina una visión clara de cómo los clientes utilizan sus productos o servicios. Esto, por ejemplo, genera una comprensión más profunda de cómo pueden proporcionar un valor aún mayor, mejorando su oferta en función de una base de clientes más amplia y creando una plataforma de crecimiento.

Todo ello permite realizar previsiones más precisas, extraer valor y, en algunos casos, modificar el desarrollo del producto para satisfacer mejor la demanda.

Aunque el concepto de fijación del precio basado en el uso no es nuevo y muchas empresas de distintos sectores lo adoptan (véase el cuadro 2.1), hasta hace poco tiempo los costes de los sensores y la tecnología necesarios para establecer el pago por uso para aumentos más pequeños o dinámicos eran prohibitivos.

Con el aumento de la digitalización, el *big data* y la inteligencia artificial, se ha hecho factible la posibilidad de conseguir clientes a la carta.

Los avances tecnológicos (internet de alta velocidad), la bajada del precio de los microchips y la ampliación de la capacidad de computación en la nube hacen que la oferta sea económicamente sostenible, así como el seguimiento y la facturación, tanto para la venta a empresas (B2B) como a clientes (B2C).

Cuadro 2.1: Empresas seleccionadas que han introducido el pago por uso

Empresa	Producto	Oferta	Modelo de precios
Winterhalter	Electrodomésticos	Next Level Solutions	Pago por lavado
Rolls Royce	Motores aeronáuticos	Total Care	Pago por hora de vuelo
Atlas Copco	Aire comprimido	AirPlan	Pago por m³
Zipcar	Movilidad	Car Sharing	Pago por hora
Amazon	Servicios informáticos	Cloud Computing	Pago por GB
Michelin	Neumáticos	Michelin Effitires	Pago por milla
Samoa Air	Transporte aéreo	Intera offerta	Pago por kg

Todos estos avances han favorecido un factor clave en la difusión de los modelos de pago por uso, que es la capacidad de captar la demanda latente reduciendo el coste inicial asociado a los activos físicos para los clientes con un bajo índice de uso.

Esto desencadena la expansión del mercado: nuevos segmentos de clientes que, con un modelo de precios tradicional, no habrían tenido la oportunidad o la intención de comprar el producto, ahora pueden permitirse utilizarlo.

Y hay más.

Este fenómeno, combinado con la menor duración de los productos, genera una mayor demanda de opciones flexibles y escalables con bajo riesgo en comparación con el concepto tradicional de propiedad.

La fijación de precios (alineación) del producto y su uso puede dar un giro radical y transformar las estructuras y estrategias industriales de salida al mercado de una empresa: tanto los clientes reales como los potenciales reconsideran cómo, dónde y cuándo se utiliza un producto. En cuanto los productos estén disponibles bajo demanda, con pequeños incrementos y sin tener que suscribir una gran inversión inicial, habrá más compradores potenciales.

Para dar rienda suelta a la demanda latente del mercado, las empresas de todo el mundo han adoptado un número creciente de aplicaciones de pago por uso: el pago por lavado, el pago por viaje, el pago por metro cuadrado limpiado, el pago por ejercicio, el pago por capacidad de procesamiento o el pago por kilómetro son solo el principio de lo que puede hacer la idea de poner precios a la carta.

Veamos algunas aplicaciones de este tipo de motivación.

Pagar por metros cuadrados «limpiados»

Los operadores de *facility management* en general, y más concretamente las empresas de limpieza, operan tradicionalmente con precios fijos.

Pueden, por ejemplo, ofrecer servicios de limpieza a un precio fijo por estructura: todos los espacios limpiados regularmente durante un periodo de tiempo establecido. Eso es todo.

Pero también este sector ha experimentado la llegada de nuevos modelos de precios: por ejemplo, el sistema que prevé pagar por metro cuadrado limpiado.

Así, las empresas de *facility management* están cambiando sus modelos de ingresos. Las nuevas tecnologías están revolucionando el *facility management*, haciendo más eficientes los procesos. ¿Por qué hay que limpiar una oficina que no se utiliza? Los sensores pueden indicar a los operadores qué oficinas se han utilizado y cuáles no. El precio por metro cuadrado limpiado puede incluirse directamente en un conjunto completo de equipos y materiales, lo que también facilita la vida del personal de *facility management*. De este modo, solo se limpian las oficinas que se han utilizado y se paga por metro cuadrado limpiado. Esto acelera y optimiza la limpieza.

Kärcher, una empresa familiar alemana, se ha convertido en líder mundial en tecnología de limpieza, con 100 filiales en 60 países, y también ha introducido un innovador modelo de precios. Llaman a esta tendencia «limpieza a la carta»[2].

Pagar según el ejercicio individual

Cada vez que nos inscribimos en un gimnasio, pensamos con optimismo lo mismo: «Esta vez haré ejercicio todos los días». Y, como siempre, nos sobrevaloramos. Luego, como siempre, la semana antes de empezar nos lanzamos a gastar: todo el kit de atleta olímpico (¡!), incluyendo, por supuesto, esos pantalones blancos que nos apetecían y esa camiseta técnica profesional e incluso los soportes elásticos para evitar tensiones musculares. Luego surge algo, como una reunión, una cita para cenar: «Vale, solo por hoy lo dejaré pasar». La próxima vez resulta que hay un aperitivo: «¡Caramba!». Ya se evaporó también la sesión de recuperación.

Nada de plazos largos ni detener que decir adiós a tus buenas intenciones para bajar la barriga y conseguir los abdominales perfectos que parecían incluidos en el precio: lo que buscas es el «pago por ejercicio» o «gimnasio por uso».[3] Esta forma de pago, basada en el uso y no en una suscripción mensual, vincula tu inscripción al uso real que haces de ella.[4]

El progreso tecnológico ha hecho posible este modelo de precios. Así es como funciona.

La comunicación de campo cercano, una combinación de protocolos de comunicación para dos dispositivos electrónicos —por ejemplo, un teléfono inteligente y un equipo de gimnasio—, permite a los abonados comprobar directamente el equipo que utilizan para el entrenamiento.

A continuación, se cobra al deportista por el tiempo de uso del equipo.

No hay que pagar ninguna suscripción o afiliación y los inscritos en el régimen pueden empezar o dejar de hacerlo cuando lo deseen.

Hoy en día, un número cada vez mayor de máquinas están equipadas con alguna forma de comunicación de corto alcance incorporada, para permitir a quienes se inscriben en un gimnasio, por ejemplo, seguir su propio programa de entrenamiento, y esto significa que ha llegado el momento de aplicar este tipo de precios.

Por un lado, las listas de precios ofrecen una opción a quienes rara vez hacen ejercicio, para gastar menos dinero; por otro, los gimnasios consiguen atraer a otro tipo de cliente más fácil y menos sensible a un precio relativamente alto.

De este modo, los gimnasios también pueden orientar la demanda de ciertas máquinas que pueden estar disponibles de forma constante a través de los precios de sobrecarga, que se obtienen cuando las personas solicitan acceso inmediato porque no tienen tiempo para esperar y, por lo tanto, están dispuestas a pagar por el uso de esa maquinaria específica.

Este modelo de precios abre nuevos horizontes de gestión de la demanda para los operadores de los gimnasios: pueden reducir los precios en las horas de menor afluencia para que la asistencia sea más uniforme a lo largo de la semana y evitar la saturación. Además, de este modo los gimnasios pueden hacerse una idea inmediata de qué máquinas son las más populares y de la intensidad de su uso. Esto les permite adaptar su gama de equipos, por ejemplo, comprando más máquinas de las más populares, reforzando su mantenimiento e incluso realizando campañas de marketing específicas en función de la carga de trabajo.

A algunos gimnasios les puede preocupar la canibalización, es decir, la pérdida de ingresos cuando los socios deciden no pagar los abonos que no aprovechan, en favor de los precios a la carta. Pero cuando tantos gimnasios compiten entre sí en las grandes ciudades, las alternativas a los abonos mensuales pueden ser un poderoso medio de destacarse en el sector.

Pagar por la capacidad de procesamiento

Al alinear los precios de los productos y/o servicios en función de su uso, se satisfacen varias de las necesidades de un cliente, ya sea por una cuestión de flexibilidad o quizás por un alto crecimiento, que hace necesario modificar las políticas de la empresa en función de los altibajos del mercado (como ocurrió durante el largo periodo de la pandemia de Covid-19, cuando los gimnasios y las piscinas, junto con muchos otros negocios, permanecieron cerrados durante más de un año) o cualquier otro factor imprevisto.

Conseguir reducir el impacto negativo de esta aleatoriedad, tan variada en el ámbito de la economía —al menos desde el inicio de la crisis financiera (que comenzó en 2007 con las *subprimes* estadounidenses)—, sería imposible en términos de coste para los clientes que tuvieran que afrontar la compra individual de las infraestructuras que necesitan para satisfacer sus necesidades.

El programa Gaia de la Agencia Espacial Europea es un buen ejemplo.

Esta iniciativa nació con el ambicioso objetivo de crear el mayor y más preciso mapa 3D de la galaxia.

El requisito previo para esta loable empresa era la elaboración de observaciones por satélite de más de mil millones de estrellas. La inversión necesaria para crear una capacidad interna suficiente para este tipo de elaboración de datos se estimó en más de 1,8 millones de dólares. Sin embargo, la agencia solo necesitaba esta capacidad durante dos semanas cada seis meses.

Para hacer frente a este enorme conjunto de datos, la Agencia Espacial Europea optó por pagar a Amazon Web Services por la elaboración de seis años de trabajo y la observación de algo así como mil millones de estrellas, lo que supuso gastar menos de la mitad de la suma asignada.

Mediante un esquema de pago por uso, los productos previstos para la compra por ser esenciales para las infraestructuras se «reorientan» como servicios.

Lo mismo ocurre con Amazon Web Services, conocido como AWS, que ofrece servicios de computación en la nube bajo demanda a particulares, empresas e instituciones públicas, y cobra en función de los gigabytes transferidos.

Pagar por kilómetro

La alineación de los precios con el uso genera beneficios para aquellos clientes que utilizan un producto con poca frecuencia o de forma imprevisible.

Este hecho ha sido reconocido por las compañías de seguros. Gracias a los avances tecnológicos, el coste de desarrollar pequeños dispositivos inalámbricos capaces de controlar los kilómetros recorridos, conectándolos al sistema de diagnóstico de un automóvil, se ha convertido en algo insignificante. Por eso, empresas como MetroMile ofrecen a sus clientes un seguro de coche por kilómetro, lo que hace que los conductores ocasionales puedan disfrutar de un seguro completo estrictamente por el tiempo que utilizan el vehículo: el ahorro medio, según Metro-Mile, es del 47 %. [5]

Hay que señalar que, en general, todos los modelos de precios a la carta permiten hacer elecciones cada vez más informadas, gracias a las cuales los clientes pueden probar un producto y hacerse una idea de su uso y, además, sin un elevado desembolso inicial.

Otro caso de pago «en función del kilometraje» es el que ofrece Michelin, [6] uno de los principales fabricantes de neumáticos. Tras desarrollar unos neumáticos innovadores para vehículos comerciales, que decían durar un 25 % más que los de sus competidores, la empresa se dio cuenta también de que no podía aplicar un aumento del 25 % a su lista de precios y la división de ventas reaccionó aconsejando no conformarse con la correlación porcentaje-precio.

Michelin decidió entonces revisar el modelo de precios de la empresa: ¿por qué no vincular las prestaciones del neumático a su precio? El cambio de un modelo de precio por neumático a otro de precio por kilómetro implicaba una fórmula clásica de pago por uso, habilitada por la tecnología GPS directamente conectada al vehículo, en la que se podía captar todo el valor añadido de la innovación. Cuanto más durara el neumático, mayores serían los ingresos de Michelin en este caso.

Con el paso del tiempo, Michelin siguió avanzando: hoy en día ofrece soluciones completas a empresas de todos los sectores, con modelos por kilómetro para los vehículos de motor, número de aterrizajes para las compañías aéreas y toneladas transportadas en el sector del transporte minero. [7]

Michelin ha pasado así de ser un simple proveedor de neumáticos a un proveedor de servicios para la movilidad con una importante gama de servicios telemáticos y gestión de flotas. Esto ha permitido lograr la fidelidad de los clientes.

Potencia por hora

La razón por la que el pago por uso sigue dejando perplejos a algunos grandes actores puede encontrarse en el coste relativo del producto, los ciclos de compra y, de nuevo, en el conjunto de clientes existentes y potenciales, así como en los costes de realizar el cambio.

A mediados de los 80, Rolls Royce, seguida de General Electric, introdujo la «potencia por horas» en el mercado de los motores de reacción. [8]

Con la energía por horas, los clientes —líneas aéreas u operadores de viajes aéreos— pagan por el tiempo real de funcionamiento y la disponibilidad de los motores de reacción.

Aunque hoy en día no se puede decir que sea un nuevo modelo de pago por uso, en su momento tuvo el (gran) mérito de reajustar los precios más con el uso que con las ventas.

En realidad, la potencia por horas no supuso un gran reto; de hecho, la mayoría de las empresas líderes consiguieron adoptar el modelo en sus distintos sectores, y las razones hay que buscarlas precisamente en la concentración de la clientela en un mercado que había estado mal atendido hasta poco antes.

Cada reto del mercado es una nueva frontera.

Los precios de pago por uso tienden a ser una revolución en aquellos mercados en los que la base de clientes puede ampliarse drásticamente, mientras que el sector de las líneas aéreas, con sus regulaciones y otras barreras de entrada bastante elevadas, no crece tan rápidamente como otros sectores más grandes con muchos más actores y menores barreras de entrada.

Otro ejemplo de pago en función de unidades de tiempo —horas, en este caso— procede de Zipcar, una empresa estadounidense que comparte coche: el pago se realiza en función del número total de horas de uso del vehículo. [9] No es raro que los clientes paguen una cuota fija. No obstante, esta cantidad suele ser bastante inferior al precio de compra que el cliente tendría que pagar por el vehículo. En el caso de Zipcar, los clientes pagan una cuota anual de 60 dólares por acceder a toda la flota —con un indudable efecto plus por la percepción de una amplia oferta—, mientras que pagan hasta 8 dólares por hora de uso del coche.

Pagar por metro cúbico de aire comprimido

Incluso una empresa fundada en 1873, la más grande del país en términos de tamaño, además de ser líder mundial, puede aprovechar la oportunidad de los nuevos enfoques en materia de precios y revolucionar su enfoque de la monetización para consolidar su ventaja competitiva.

Es el caso de la empresa sueca Atlas Copco, líder en la fabricación de compresores.

Con su nueva oferta AIRPlan, la empresa pregunta en la práctica a sus clientes: ¿por qué no dejar el equipo en manos de Atlas Copco? Con AIRPlan, se obtiene el aire comprimido que se necesita y se paga en función de la cantidad consumida. [10]

En su presentación de este modelo, Atlas Copco responde a una pregunta indirecta y retórica:

¿Cuál es la diferencia con poseer sus propios compresores? La compra de una central de aire comprimido tiene un gran impacto en sus bienes fijos. Además del coste de la inversión, hay que tener en cuenta muchos otros costes: gastos administrativos y de capital, transporte e instalación, etc. Con AIRPlan no es necesario adquirir ningún tipo de activo. Todos los costes del aire comprimido forman parte de los costes de explotación. Y... liberar efectivo para otras inversiones podría traer nuevas oportunidades de negocio.

Y así apareció el pago en función del consumo de metros cúbicos.

Cuando Atlas Copco inició su camino hacia un cambio de precios, el mantra comercial se centraba totalmente en la evidencia de que los productores de equipos serían más competitivos si se concentraban en la producción de los mismos e ignoraban todas las actividades posteriores, como el contacto con los clientes y la asistencia a los distribuidores y minoristas.

Sin embargo, Atlas Copco decidió concentrarse en un servicio de calidad y en la interacción directa con sus clientes en lugar de pasar por los distribuidores. Esto supuso la creación de una red directa de personal de ventas y asistentes técnicos que debían operar a través de una infraestructura global de Centros de Clientes y, a largo plazo, convertir gradualmente los canales indirectos en directos: «Queríamos asegurarnos de tener bien controladas nuestras relaciones con los clientes», subraya Ronnie Leten, expresidente de la división de compresores del Grupo Atlas Copco, en una de las entrevistas en las que cuenta la historia de la empresa: «De este modo, en el lado de la cadena de suministro dependíamos básicamente de la colaboración con nuestros proveedores, mientras que nuestro modelo de negocio descendente resultaba estar más o menos integrado verticalmente con nuestros clientes. Este «contacto estrecho» con los clientes contrasta claramente con el enfoque de nuestros competidores, que tenían un modelo de negocio menos integrado hacia delante y operaban a través de canales de distribución»:

Una vez que la infraestructura de la sucursal entró en funcionamiento, el negocio de servicios comenzó a crecer, impulsado por la demanda de los clientes.

Los clientes demandaron servicios y Atlas Copco respondió.

Pero aunque, sobre todo al principio, las demandas eran de servicios de asistencia sencillos y transaccionales, como todo, hubo una evolución de la demanda que, a su vez, animó a la empresa a ampliar su oferta.

Este es el ciclo virtuoso de las buenas ideas que, al igual que la cultura, el conocimiento y las buenas prácticas, son activos que, cuando se comparten con muchos otros, aumentan su valor en lugar de disminuir.

Otro aspecto del valor obtenido a través de este tipo de monetización era quizá más difícil de cuantificar, pero igualmente tangible.

Para Atlas Copco, una relación más estrecha con el cliente significaba tener que enfrentarse constantemente a las demandas cambiantes del cliente. A su vez, por parte de la empresa, el contacto regular implicaba ser la primera en anticiparse a las demandas de productos o servicios adicionales. Por lo tanto, en la práctica, el conocimiento íntimo del cliente —combinado con la innovación continua— impedía que los competidores pudieran intervenir.[11] Este es uno de los muchos ejemplos de cómo se puede realizar una transición perfecta de un tipo de negocio centrado en el producto a otro centrado en el cliente, consiguiendo al mismo tiempo consolidar la posición de la empresa mediante una «red de protección» proporcionada por su propia ventaja competitiva.

Pago por peso

En los viajes aéreos, el precio se fija tradicionalmente por persona, aunque siempre se diferencia según la edad, el estatus o criterios similares.

La compañía polinesia Samoa Air ha propuesto una norma de precios completamente diferente.

Los precios se fijan en función del peso del pasajero: así, se paga un precio fijo por kilogramo, que varía en función de la duración del trayecto.

Los billetes de Samoa Air oscilan entre 1 y 4,16 dólares por kilo. Los pasajeros pagan por su peso combinado con el de su equipaje.

Por ejemplo, se cobra alrededor de un dólar por kilo de peso corporal por un vuelo de Samoa a Faleolo.

Samoa es el tercer país del mundo con mayor índice de sobrepeso, muy por encima de Estados Unidos, por lo que esta norma de precios es una opción natural; aunque algunos vean en ella una lógica discriminatoria, en realidad es la aplicación lógica de la personalización según el usuario.

Chris Langton, director general de Samoa Air, fue el más entusiasta promotor de esta norma de precios: «No hay costes adicionales en términos de exceso de equipaje o cualquier otra cosa. Es solo un kilo y un kilo es un kilo», añadiendo que: «Cuanto más pequeño es el avión, menos variaciones pueden aceptarse en términos de diferencias de peso entre los pasajeros; además, la gente es generalmente más grande, más ancha y más alta que hace 50 años».

Con el nuevo modelo de precios, algunas familias con niños pagarían menos por sus billetes.

La lógica habla por el sistema.

Al fin y al cabo, el peso del pasajero y no su edad o su condición es el factor de coste.

Y, desarrollando la lógica detrás de todo esto, calibramos los sistemas según las mismas medidas que creamos para controlarlos. ¿Por qué, entonces, si el transporte de mercancías se factura según el peso, no debería ocurrir lo mismo con las personas? Esto es lo que se preguntaron los responsables de Samoa Air.

Langton también sugirió que la medida contribuía a promover la concienciación sobre el estado de salud de las islas. Tienen una de las tasas de obesidad más altas del mundo: el informe de la ONU de 2021 muestra que el 84,7 % de la población de Samoa tiene sobrepeso. Traducido a números: solo 31.000 personas de una población de unos 200.000 habitantes son «normales».[12]

Sea como fuere, por el momento este modelo de precios ha sido solo un experimento con un límite de tiempo, quizá por las implicaciones discriminatorias. En cualquier caso, lo que está ocurriendo ahora es que algunas aerolíneas estadounidenses piden a los pasajeros con sobrepeso severo que compren dos billetes cuando un vuelo está lleno.

Adopción y limitaciones

Con el progreso tecnológico, una mayor conectividad a través del internet de las cosas y la posible dimensión cada vez más pequeña de las transacciones —posibilitada, por ejemplo, por el *blockchain*, donde los bitcoins y las criptomonedas son solo la punta del iceberg—, la viabilidad y la conveniencia de los modelos de precios de pago por uso aumentarán, sobre todo en los mercados en los que los productos o servicios pueden ser enviados rápidamente a los clientes.

La inteligencia artificial y el aprendizaje automático, el aumento de la conectividad y el análisis integrado de datos permiten a las empresas que ofrecen servicios y productos obtener un conocimiento mucho más profundo de cuándo, dónde y cómo utilizan sus clientes los productos y servicios.

Los conocimientos más profundos generados pueden así analizarse con el fin de seguir desarrollando los productos o servicios anteriores para satisfacer las demandas de los clientes. A su vez, los clientes se benefician de experiencias más directas y personalizadas que las que se producen con los productos.

Este tipo de desarrollo del mercado representa un reto para los actores históricos que desean proteger su base de clientes tradicional sin comprometer el flujo de ingresos y cuestionando las suposiciones básicas sobre lo que los clientes aprecian y cómo debe proporcionarse (valor).

Normalmente, las empresas maduras dudan en adoptar modelos de negocio basados en el uso: quieren evitar el riesgo de canibalizar los ingresos generados por la compra inicial de su producto. Además, tienen que revisar su dirección de ventas: se necesitarán incentivos diferentes (no solo el volumen de ventas).

En los modelos tradicionales, los recursos de venta, soporte y distribución también están optimizados para anticiparse a las compras a gran escala, lo que no favorece los modelos de pago por uso.

Además, al adoptar un modelo dinámico basado en el uso se corre el riesgo de comprometer relaciones con los clientes existentes que han comprado el producto por adelantado. Para estas empresas, que durante años han tenido sus raíces en la venta de bienes y servicios de alto coste a un mercado restringido, este modelo desafía los supuestos básicos sobre quiénes son sus clientes y qué necesitan.

Las llamadas empresas tradicionales han sido pioneras en este segmento del mercado. Tienen su propia autoestima, que han construido a lo largo de los años. Además, tienen clientes fieles, su marca está consolidada en el mercado, a lo largo de los años han creado una red de relaciones con otras empresas y una red logística y comercial. Todo ello contribuye a que sean hostiles al cambio y a que su conocimiento del sector represente casi un límite.

Sin embargo, las preguntas que se plantea la dirección de estas empresas suelen ser las mismas; los escenarios cambian, pero el ser humano sigue siendo el mismo: «Si nuestro éxito pasado se debe a la venta de productos complejos a un precio elevado a grandes clientes que exigen la propiedad, ¿por qué deberíamos cambiar nuestra estrategia y vender a precios más bajos, imprevisiblemente, a clientes más pequeños?»

Para muchas empresas, la transición de un modelo tradicional a uno basado en el uso no es fácil, aunque el producto principal siga siendo básicamente el mismo. Con la oferta de modelos dinámicos de pago por uso para varios tipos de productos, tanto los clientes B2C como los B2B empiezan a esperar cada vez más gamas de oferta amplias y diferenciadas.

La adopción de modelos de pago por uso será importante para productos con un precio de compra inicial elevado en mercados donde el uso de los clientes es dinámico, volátil e imprevisible. También se aplicará a los productos caros, basados en la tecnología, o a las preferencias que cambian rápidamente —¿pero hay algo que no lo haga hoy en día?— y cuyo uso es irregular o cíclico.

En los negocios B2C de automóviles o seguros, o en los negocios de moda de alta gama, ya estamos experimentando el inicio de los servicios a la carta en el ámbito de las infraestructuras o los productos menos exigentes. En lugar de automóviles, los clientes finales pueden comprar kilómetros; se pueden comprar seguros específicos para el trabajo en lugar de pólizas anuales por adelantado; y trajes adquiridos para una recepción de gala en lugar de para toda la vida. Lo mismo ocurre con el sector B2B, donde las empresas ya cuentan con productos basados en la nube para mantener el crecimiento y la demanda variable.

No obstante, existen ciertas limitaciones en el pago por uso: los activos físicos de bajo coste y con una demanda constante son los más resistentes. Un ejemplo es el de las zapatillas de deporte de alta gama. Es probable que un producto de este tipo se siga comprando de la forma tradicional, debido a la dificultad de entregarlo cuando se solicite, al rápido deterioro del producto y a la falta de voluntad (en general, bastante comprensible) de aceptar el uso compartido.

Otra barrera para la adopción de modelos de precios orientados al uso, como el pago por lavado, es la disponibilidad de los recursos finan cieros necesarios (por ejemplo, para financiar la creación de una base instalada en los lavavajillas, que debe ser financiada y/o asegurada). Pero aunque no todas las empresas pueden permitirse la financiación necesaria, una serie de entidades de crédito están dispuestas a ofrecer su apoyo previo pago de una comisión.

Aunque la fijación de precios basada en el uso puede hacer su oferta ofreciendo innovaciones en las transacciones en muchos sectores, hay algunas excepciones positivas que confirman una regla: esto ocurre en la industria de los motores de reacción, que ha pasado sin demasiados trastornos a una forma de fijación de precios basada en el uso, en parte porque las barreras de entrada (tanto para los clientes como para los proveedores) han impedido la entrada de nuevos actores en el mercado.

A pesar de los límites y las barreras que se han discutido, podemos concluir afirmando que las empresas que operan en sectores que difieren (incluso en gran medida) entre sí, se benefician del cambio de los modelos de precios tradicionales —basados en la propiedad del activo adquirido— a enfoques que sitúan la monetización del valor en el centro de su modelo de ingresos: el carácter innovador y la creatividad de estos modelos de precios, que explotan al máximo el uso de la tecnología y las soluciones digitales *in itinere*, permiten crear una ventaja competitiva al eliminar la resistencia a la compra y atraer a nuevos clientes.

Resumen

El pago por uso es el pago al proveedor por un producto o servicio en función de su uso real.

En comparación con el alquiler o el *leasing*, que suelen otorgar al consumidor todos los derechos de uso durante un periodo de tiempo limitado, el pago basado en el uso vincula estrechamente el pago a los patrones de uso del cliente.

Esto hace que el pago por uso sea más atractivo para los consumidores que no utilizan el producto con tanta frecuencia. Así, los modelos de pago por uso permiten acceder a recursos de calidad sin necesidad de realizar un gran desembolso de capital.

Con el rápido crecimiento de la computación en la nube y del progreso tecnológico en general, así como de la gestión de datos, el pago por uso se está extendiendo en varios sectores. El caso de Winterhalter en el sector de los productos eléctricos domésticos, el de Rolls Royce en el de los motores aeronáuticos, el de Atlas Copco en el del aire comprimido y el de Zipcar en el de la movilidad son solo algunos de los numerosos sectores en los que se está aplicando.

La introducción de modelos de precios basados en el pago por uso puede producirse por diferentes razones: la necesidad de una mayor flexibilidad, la generación de flujo de caja, la accesibilidad económica, la satisfacción del cliente o para evitar la carga de la propiedad.

Cuando se establecen correctamente, permiten eliminar los obstáculos a la compra y monetizar el valor aportado al cliente en función de un objetivo preciso. Las empresas innovadoras que adoptan el pago por uso pueden beneficiarse de importantes economías de escala, e incluso ganar una importante cuota de mercado frente a los actores que siguen limitando su oferta a la venta de bienes.

3

PRECIO POR SUSCRIPCIÓN

«La base de clientes es el nuevo motor de crecimiento».
SHANANTANU NAYAREN, DIRECTOR GENERAL DE ADOBE

Análisis de caso

Enormes dinosaurios de metal al amanecer. Los rayos del sol se reflejan en las prensas y rebotan en el contorno de los tornillos y los muelles cromados. El polvo entra por las grandes ventanas, que tarde o temprano hay que limpiar.

Al igual que en la icónica foto publicada en 1932 en el suplemento dominical del New York Herald Tribune, titulada *Lunch atop a Skyscraper* (almorzando en lo alto de un rascacielos) y tomada en el Rockefeller Center de Nueva York, once obreros almuerzan sobre una viga metálica suspendida a un centenar de metros de altura.

En este caso, las imágenes muestran la determinación de los seres humanos para seguir adelante a pesar de la Gran Depresión que se vivía en ese momento.

Del mismo modo, para salir de la doble crisis financiera y económico-ecológica de este comienzo de siglo XXI, será necesaria otra imagen icónica como clave de un arquetipo de futuro y de esperanza.

Imaginemos que somos líderes mundiales en la producción de máquinas herramienta.

Vendemos máquinas de impresión —las llamadas máquinas de offset— compradas por empresas gráficas de todo el mundo.

Llevamos más de 170 años vendiendo estos productos a un precio elevado.

Pero de un día para otro, conscientes de lo que ocurre en el mundo, y no por filantropía sino según un pensamiento puramente pragmático, decidimos cambiar nuestro modelo de precios.

Tras un proceso de creación y comparación de conceptos, pasamos a realizar prototipos e imaginar hipótesis de innovación de precios.

No faltan sugerencias. A continuación, necesitaremos una imagen para narrar nuestra idea. Esto llegará a su debido tiempo; por el momento la práctica prevé ciertas soluciones.

A nuestros mejores clientes se les hará la siguiente oferta: en lugar de comprar máquinas caras —hablamos de una media de 2,5 millones de dólares, se ofrecerá una tarifa plana por la impresión de un número fijo de páginas.

Por 100.000 dólares al mes, la máquina se instalará en la planta de producción del cliente. En este abono se incluyen el mantenimiento y la gestión mediante *big data*. También el papel, los colores, las lacas, los detergentes y las almohadillas de goma para limpiar las planchas de la prensa. Si el cliente produce más de un número predeterminado, por ejemplo 30 millones de hojas, la suscripción puede ampliarse.

¿Cuál podría ser la imagen icónica de esta campaña?

Hombres sentados en una viga, equilibristas, cielo azul y nubes. Máquinas de impresión con periódicos saliendo de ellas. Prensas de impresión, nuevos Transformers, que se vuelven a ensamblar. En su nueva forma de aviones, llevan nuestro material por todo el mundo. A París. Al centro de Caracas. A los rostros de los niños de los barrios bajos de

Nairobi. Yakarta sumergida. Oceanix, la nueva isla. Bosques urbanos en Estocolmo, Roma, Delhi, Nueva York: Ningún lugar está lejos. Reclamo sobre fondo negro.

No se trata de una película, sino de lo que realmente ocurrió en la empresa Heidelberger Druckmaschinen, con la oferta «Heidelberg Subscription»[1].

Las empresas de medios de comunicación dieron el primer paso, seguidas por las de software.

Ahora, las formas de ingresos por suscripción están arraigadas en todos los sectores, en todo el mundo.

Ahora mismo, códigos encriptados, letras en un teclado, cursores que mueven cifras, cifras irrisorias, consumo basado en el tiempo. Ves la televisión; decides ver un programa justo cuando quieres, sentado en el suelo comiendo pizza, un picnic en el parqué de tu propia casa; los niños tiran la cerveza pero hay más en la nevera, agua con gas y limón. Tal vez esta sea la imagen de una posible nueva vida que está al alcance de la mano, solo que nunca la vimos.

«Lo esencial es invisible a los ojos» se dice en *El Principito*.

El tiempo.

El valor supremo.

Después de que el siglo XIX lo anticipara y lo superara, el siglo XX lo perdiera (Proust), las dos guerras y luego la década del 2000 lo acelerara, lo destrozara e incluso lo dispersara, hoy quizás nos hemos dado cuenta de que el tiempo atómico es en realidad lo único que cuenta. El espacio, real y digital, es el vehículo que lo recorre.

Tiempo que viaja más rápido hacia arriba que hacia abajo.

Curvas sinusoidales que han alterado para siempre nuestra percepción del tiempo lineal.

Hoy sabemos que todo es uno, recursivo, las estaciones han desaparecido y tendremos que adaptarnos cada vez más. El más fuerte no ganará y Darwin también se queda atrás en la corriente del tiempo. Hoy gana el que se adapta primero y mejor.

Del mismo modo, en lugar de estar sujetos a tendencias alcistas y bajistas, en las que se puede vender más en determinados momentos, seguidos de descuentos en la época de «las vacas flacas» (con el debido respeto a nuestros hermanos hindúes) y hay que apretarse el cinturón, ahora, con las suscripciones, incluso los productores de máquinas-herramienta —o de otros bienes duraderos— pueden beneficiarse de unos ingresos estables y en cierto modo previsibles. En la misma medida, esto aumenta el valor del cliente: el llamado valor del tiempo de vida del cliente (*customer life time value*).

No hay nada más deseable, tanto para los inversores como para los emprendedores, que observar «un consumo regular y un consumo de servicios, a cambio de una cuota», es decir, la definición de una suscripción.

Por ello, la empresa que ofrece la *Heidelberg subscription,* considera una solución en la que todos salen ganando, tanto el cliente como el fabricante: los clientes ya no tienen que soportar altos costes fijos ni lidiar con el estrés de tener que invertir. Además, desde el punto de vista de Heidelberg, incluso ahorran dinero: en el caso de la suscripción, cada hoja cuesta solo 3 céntimos.

En el modelo tradicional, contando también el tiempo de inactividad, se eleva a 5 o incluso 6 céntimos por hoja. [2]

Para Heidelberg, la suscripción es la panacea para los males del mercado —¡la inestabilidad!—y permite vender más servicios y materiales de consumo, lo que aumenta los márgenes de beneficio de la empresa al tiempo que la independiza de los azarosos ciclos de subida y bajada.

Heidelberg también está convencida de que puede gestionar sus máquinas de forma más eficiente de lo que es posible para una sola empresa de impresión: al gestionar un parque de máquinas que cuenta con 15.000 unidades gracias a su propia nube, se obtiene una enorme cantidad y calidad de datos con información que afecta a la gestión óptima de las impresoras.

Además, en lo que respecta a los bienes de consumo, se obtienen beneficios de los descuentos por volumen: cuanto mayor es el número de hojas suscritas, mayores son los ingresos de Heidelberg.

Los objetivos de gestión de este líder alemán son, pues, aumentar el volumen de negocio y los márgenes de beneficio gracias a las suscripciones.

Los referentes de Heidelberg son actores tecnológicos cuyos modelos de suscripción han generado gran riqueza.

Hace unos 10 años, en el sector del software, observamos la difusión de las ofertas de suscripción mediante la tecnología de la nube.

Hoy en día, el SaaS —*Software as a Service*— cuenta con un volumen de negocio de más de 100.000 millones de dólares y representa más de un tercio de la facturación mundial de los productores de software. Y no deja de crecer (según las estimaciones de la agencia de investigación de mercados Gartner, la tasa de crecimiento es del 20 % anual). [3]

Siguiendo este camino, el director general de Microsoft, Satya Nardella, consiguió que se situara entre las empresas más valiosas del mundo.

Las empresas que consiguen establecerse gracias a las suscripciones pueden alcanzar una tasa de crecimiento cinco veces superior a la de otras empresas cotizadas estadounidenses: así es como Amazon, Salesforce y SAP se han convertido en las favoritas de los inversores.

Análisis del contexto

Suscripciones en B2C

La tendencia de los usuarios particulares a la compra en serie está muy extendida en el ámbito del consumo digital y experimentó una aceleración aún mayor durante la pandemia de Covid-19. Al principio, todos nos quedamos sorprendidos, sintonizados con una vida que pende de un hilo, un programa de radio, un boletín informativo, el telediario, con la respiración contenida, y luego el silencio en las ciudades: Roma, Nueva York, Moscú, Tokio eran desiertos de asfalto. Ciervos en las calles de los Abruzos, osos en los centros urbanos de Maine: la naturaleza se apoderó de los hábitats humanos, hasta que el zumbido volvió a llenar el mundo.

Dentro de nuestras propias casas, derrotados por un ser minúsculo que nos obligó a tener una visión diferente del tiempo, y del espacio social y su eco en el individuo, encontramos una nueva energía donde todo esfuerzo parecía ser en vano y logramos convertir un microcosmos en un nuevo espacio para la imaginación.

Quizá gracias a ello, Netflix o los actores del sector del *streaming*, como DAZN, Spotify o Amazon Prime, experimentaron un desarrollo tan rápido y significativo en este periodo de reconstrucción.

Lo mismo ocurre con los desarrolladores de juegos, como Blizzard (y la saga World of Warcraft), con las sempiternas Sony y PlayStation, o con las empresas que se juegan la vida en los medios de comunicación: desde el *New York Times* hasta el *Wall Street Journal*. Tim Cook, jefe de Apple desde la marcha de Steve Jobs, tiene claras sus intenciones: además de las suscripciones de música, pretende obtener nuevos flujos de ingresos gracias a las películas, los juegos y las noticias por suscripción.

Ya se ofrecen suscripciones a productos de uso cotidiano: Procter & Gamble, por ejemplo, tiene ofertas de este tipo para los pañales Pampers y las cuchillas de afeitar Gillette, como su acérrimo competidor Dollar Shave Club. Entre los pioneros de los servicios de máquinas de café y entregas mensuales de cápsulas encontramos a Nestlé. Lo mismo ocurre con una gran variedad de otras categorías de bienes: desde los zapatos que ofrece JustFab[4] a 39,95 dólares al mes hasta la comida para mascotas (comida para perros que ofrece The Farmer's Dog[5] a 18 dólares a la semana).

Los neumáticos pueden venderse pagando por uso, por ejemplo, por kilómetro recorrido para los clientes B2B, pero también por suscripción para los clientes B2C. Zenises, una empresa multinacional de neumáticos con sedes en Londres y Dubai —que recientemente entró en el Libro Guinness de los Récords al presentar el neumático más caro del mundo en 600.000 dólares por un juego de cuatro neumáticos—, lanzó recientemente su suscripción de neumáticos para clientes B2C en Europa.

El nuevo negocio de suscripción de neumáticos de Zenises, Cartyzen, fue presentado por el director general de la empresa, Haarjeev Kandhari:

El servicio está disponible actualmente en Alemania a través de Alzura X y sus 600 tiendas asociadas en todo el país. El modelo se basa en pequeñas cuotas que los usuarios pagan mientras necesitan los servicios: una suscripción mensual de solo 4,99 euros cubre todos los gastos relacionados con los neumáticos nuevos. Todo se hace a través de la plataforma online de Cartyzen, que ofrece los servicios y soluciones en función del cliente, al tiempo que recoge información sobre las preferencias de los usuarios en general. Cartyzen también garantiza la cobertura, es decir, la sustitución de los neumáticos en caso de desgaste de la banda de rodadura, pinchazos o deterioro fortuito, independientemente del kilometraje realizado, en una medida destinada a garantizar la satisfacción del cliente. Zenises es la primera empresa del mundo que ofrece este tipo de suscripciones de neumáticos, continuando con su estrategia de ser pioneros en modelos innovadores de venta de neumáticos. Somos también la primera empresa de neumáticos que acepta la criptomoneda Bitcoin para todas las transacciones. [6]

En Europa, las familias gastan una media de 130 dólares al mes, más o menos el 5 % del presupuesto familiar, en compras para el hogar, como suscripciones a contenidos de [7] música, vídeos, software y juegos, así como en entregas de alimentos como fruta fresca y café, o productos de belleza.

Ciertamente, la tendencia a la compra por suscripción no es nada nuevo, especialmente en el sector de los medios de comunicación, pero la pandemia, por un lado, y la digitalización, por otro, han generado una aceleración realmente significativa del crecimiento en este ámbito.

En 2021, la suscripción —en todo el mundo— tenía un valor de 700.000 millones de dólares, una suma que debería triplicarse en 2027, aumentando a más de 2,1 billones de dólares en todo el mundo. [8]

La pandemia ha animado a minoristas como Ocado y Morrisons en Inglaterra a ofrecer formas de suscripción. También en Italia las ofrecen empresas como Barilla, Illy o Scotti. Barilla, por ejemplo, ha lanzado el paquete CucinaBarilla que, con un coste de unos 40 dólares al mes, entrega una caja directamente en casa del cliente con nueve «kits» a la vez, elegidos entre las muchas recetas disponibles. Cada kit rinde al menos dos raciones y contiene los ingredientes crudos de la receta en cuestión. Para preparar la receta del kit solo hay que colocar la base en el horno inteligente adecuado, también incluido en la suscripción (que se proporciona gratuitamente a los clientes en préstamo para su uso y se entrega directamente en su casa). [9]

Las suscripciones también están ganando terreno en otros ámbitos, como el sector del automóvil.

BMW, Mercedes y Porsche ofrecen suscripciones totales en algunas ciudades o con determinados concesionarios. Porsche empezó con el Porsche Passport: [10] una suscripción ofrecida en Norteamérica, que incluye seguro, impuestos, mantenimiento y cambio de neumáticos por una cuota de 3.000 dólares al mes. El fabricante de automóviles, cuyo inconfundible logotipo es el escudo de Stuttgart con el caballo con cuernos en el centro, también permite cambiar el modelo según las necesidades del abonado: un descapotable en verano o un todoterreno en invierno, por ejemplo. Para el 911, en concreto, en Europa se paga una cuota mensual de 1.899 dólares.

Volvo es uno de los fabricantes de automóviles más agresivos en este campo: el programa de abonados CARE está destinado a generar en los próximos años hasta el 50 % de la facturación de Volvo. [11]

Las suscripciones se distinguen claramente del alquiler o el *leasing*.

No se trata de incentivar una compra cara utilizando el arma de la financiación diferida.

El objetivo en este caso es más bien establecer una relación duradera con un cliente con el que, en la mayoría de los casos, no habría contacto posventa.

La conexión, a menudo digital, permite conocer al abonado y ofrecerle servicios añadidos de forma selectiva. BMW, por ejemplo, ofrece un asistente personal digital por voz que busca aparcamiento, pone canciones favoritas y lee correos electrónicos. [12] La suscripción a la opción «Hey BMW» de BMW cuesta hasta 379 dólares, con unos márgenes de beneficio realmente interesantes para la firma.

Esto permite aumentar el volumen de negocio, incluso sobre la base de clientes existentes y no solo mediante la costosa adquisición de nuevos clientes. Sobre este tema, Shanantanu Nayaren, director general de la empresa pionera de la suscripción a Adobe, resume el nuevo mantra de la siguiente manera: «La base de clientes es el nuevo motor del crecimiento».

Suscripciones B2B

Las suscripciones también ofrecen un gran potencial a las empresas manufactureras.

Si se venden productos, los clientes comprarán: habrá un desembolso de capital frente a la adquisición total del activo en manos del cliente (problemas incluidos). Si, por el contrario, se presta un servicio, el desembolso es operativo: este modelo implica un pasaje económico-financiero y de gestión y se pasa de tener la propiedad del producto a tener acceso a él sobre una base reactiva, de pago por uso. Un modelo de suscripción como el de Heidelberg va más allá al establecer una relación proactiva y a largo plazo con el cliente, mediante un pago recurrente —costes operativos programados— que, además, externaliza todos los problemas relacionados con el producto o servicio al productor, como se resume en la figura 3.1.

Muchas empresas han comenzado a interconectar su maquinaria o equipos eléctricos domésticos a través del internet de las cosas (IoT), generando petabytes de datos (millones de gigabytes). Sin embargo, el uso de los datos suele ser limitado. En la mejor de las hipótesis se ofrecen contratos de mantenimiento a distancia, ahorrando en un puñado de técnicos.

Según un reciente estudio de la empresa de consultoría de gestión Horváth, solo el 5 % de las empresas consideradas demuestran ganar dinero con estos servicios. Falta un modelo de negocio capaz de monetizar el servicio. Por eso es necesario un nuevo enfoque dentro de las empresas manufactureras: mientras que en el mundo analógico se puede perfeccionar el producto para que se adapte a todas las circunstancias, incluso creando ofertas y opciones que el cliente no ha demandado, gracias a la conexión digital se puede medir el uso real de una mercancía hasta el último detalle. Esta creación de valor no es el centro de atención de muchos actores del sector. Como en el caso de Mann+Hummel, líderes mundiales en filtros de aire.

En 2018 en el mercado estadounidense, Mann+Hummel entró en escena con el servicio de suscripción Senzit.[13]

Figura 3.1: Diferencias entre producto, servicio y suscripción

Elemento diferenciador	Producto	Servicio	Suscripción
Modelo de precios	Propiedad	Reactivo, bajo demanda	Proactivo, previene la demanda
Factores de éxito	Ser el primero en mente cuando se produzcan necesidades		Continuamente mejorar la experiencia
Punto de vista del cliente	Solucionaré mi problema	Tú solucionarás mi problema	No quiero ningún problema
Enfoque de la oferta	CapEx,es decir, gastos de capital	OpEx, es decir, gastos ocasionales y operativos	OpEx, es decir, gastos operativos programados
Intercambio de datos	Único, durante la venta	Varios, según uso	Continuo

Por 199 dólares al mes se proporciona un sensor inteligente para el filtro de aire que, una vez instalado en una cosechadora o excavadora, transmite la posición, el estado, el tiempo de funcionamiento y la capacidad de filtrado directamente al portal de senzit.io. Por 20 dólares al mes, los gestores de flotas o los empresarios de la construcción también tienen la posibilidad de ser informados directamente en sus teléfonos inteligentes cuando se cambian los filtros.

De este modo, Mann+Hummel no se limita a vender productos, sino que ofrece un servicio para maximizar la disponibilidad de la costosa maquinaria.

Este servicio puede ampliarse a la entrega automática de piezas de recambio o al mantenimiento in situ, que puede convertirse en un campo a cultivar. Imagina un viaje de mantenimiento en un lugar campestre: campos de maíz y flores brotando en primavera, el vino blanco de la empresa en la nevera esperando a que termine la ronda de revisión de filtros, mientras los trabajadores llegan al final de su turno, se puede tomar fruta fresca directamente del árbol y hay mucho aire fresco. ¿Qué más quiero? (y sí, lo habrás pensado, y no, no es publicidad encubierta, es la demostración de lo mucho que se puede hacer a través del poder evocador de las palabras, incluso tácitas, en la mente del lector o del oyente: la persuasión, símbolos, al final el ser humano no es más que eso, desde que somos Sapiens —hace ya 300.000 años—, sombras e historias, interpretaciones y símbolos, ahí estamos de nuevo, de vuelta a la percepción).

Pero las suscripciones también pueden requerir una gran inversión financiera, como en el caso de Heidelberger Druckmaschinen.

Trumpf, líder en la fabricación de máquinas-herramienta y láser para el procesamiento industrial, ha cedido el riesgo de financiación a su propio banco, el Trumpf Bank. Al final de la suscripción típica de 36 meses, Trumpf recupera las máquinas y las vende de segunda mano.

Vissmann, tradicional fabricante de instalaciones de calefacción y aire acondicionado, se ha movido en la misma dirección: recientemente ha lanzado su abono de calefacción,[14] promocionándolo con el eslogan «Tan fácil como tu suscripción musical»: por 106 dólares al mes se puede firmar un contrato de 10 años para un nuevo sistema/servicio de calefacción que incluye mantenimiento, reparaciones, deshollinadores y suministro de gas.

La demanda de este tipo de abono se debe a que en lugar de un desembolso de 20.000 dólares, al final el cliente consigue obtener un nuevo sistema gastando poco más de 100 dólares al mes.

Los propietarios, en particular, están a favor de esta oferta, ya que la tarifa mensual puede incluirse en el alquiler que paga cada mes el inquilino o deducirse de la declaración de la renta como gasto corriente.

Cinco pasos para lanzar con éxito un modelo de suscripción

Por lo tanto, un abono es conveniente porque proporciona servicios y permite utilizar bienes, productos y servicios que de otro modo serían imposibles o demasiado caros de obtener. Por último, pero no menos importante, en una época fluida como la que vivimos nada es para siempre.

Esto es lo que hay que hacer, en solo cinco pasos.

1. *Planificar la transición a la suscripción.* Pasar de una gestión basada en la transacción (o *una tantum*, vendo y cobro una sola vez) a un modelo de gestión basado en la suscripción, con ingresos recurrentes, implica realizar varios cambios en una empresa: en términos de oferta, de precios, pero también de procesos y sistemas informáticos. Debemos ser conscientes de que el *modus operandi* de nuestra empresa cambiará; y sin duda será necesario un sistema informático de autoanálisis, calibrado para la oferta de productos, el seguimiento del consumo, la supervisión y la evaluación.

Metafóricamente, hay una transición del viejo mundo al nuevo. En medio hay un océano, una aventura y, del mismo modo, la incertidumbre y la necesidad de una embarcación sólida.

Cuanto más rápido migre la combinación de ingresos hacia el modelo de suscripción, más impetuoso y revolucionario será el camino de la transición. En este caso, será importante formular desde el principio una visión clara de los objetivos que guían la ruta y planificar el proceso operativo en consecuencia.

Para las grandes empresas, incluso una transición rápida puede llevar varios años. Por eso es aconsejable prever un periodo intermedio en el que las nuevas ofertas de suscripción se realicen junto a las tradicionales, en parte para reducir los riesgos y, mientras tanto, adquirir una experiencia útil en la consecución de la nueva estrategia.

2. *Basar la oferta en las necesidades de los clientes.* Tener éxito con los abonos significa «calibrar» la estructura de la oferta a las necesidades de los clientes.

Todo empieza y termina con el cliente. Debe existir la certeza de que, al ofrecer una suscripción, se está explotando este modelo de monetización para proporcionar a los clientes un valor único e importante que se ajusta plenamente a la forma en que desean comprar y consumir los bienes o servicios ofrecidos, como se muestra en la figura 3.2.

Figura 3.2: Ejemplos de necesidades de los clientes como impulsores del valor de las suscripciones

Necesidades del cliente	Personalización, poco común	Ciclo de compras rutinario	Variedad, novedad, exploración
Valor de la suscripción	Acceso a ofertas de calidad	Reposición oportuna y cómoda	Bajo riesgo, simple
Casos	• Emma & Chloé (joyas) • Gwynnie Bee (moda) • Winc (vinos)	• Dollar Shave Club (maquinillas de afeitar) • The Farmer's Dog (comida para mascotas) • Amazon Subscribe & Save (artículos para el hogar)	• NatureBox (aperitivos) • Blue Apron (cocina casera) • BirchBox (maquillaje)

Fuente: Farknot Architect/Adobe Stock

Como siempre, no son las respuestas de las que partimos, sino de las preguntas.

Como escribe Alejandro Jodorowski: «La respuesta es la pregunta».

El ser humano esconde su sabiduría en cuentos e historias y las preguntas revelan nuestros procesos mentales y conocimientos adquiridos. En este caso, la cultura de la empresa.

¿Cuáles son los puntos débiles de nuestros clientes y cómo podemos ayudarles?

¿Cómo segmentamos el mercado?

¿Qué nivel o niveles de suscripción ofrecemos a quién y a qué segmento de mercado?

Cuestiones como estas no solo son fundamentales para arrojar luz sobre el presente, sobre la base de lo que hemos adquirido a lo largo del tiempo, sino que también afectan positivamente a todo lo que aún queremos conseguir. Facilitan el desarrollo futuro por el que queremos trabajar hoy y las exigencias específicas que hay que activar.

3. *Determinar el precio de la oferta.* Una vez establecida la oferta, hay que fijar el precio de la suscripción. ¿Cómo? Por ejemplo, respondiendo a preguntas como "¿Qué les hago pagar?".

Podemos pensar en una unidad de tiempo, o, como en el caso de Heidelberger Druckmaschinen, en el número de hojas impresas, o también en el número de usuarios / sitios / descargas y mucho más.

Además, habrá que pensar en la mejor forma de establecerlo según el modelo de suscripción que se ofrezca: ¿es mejor una tarifa plana o un modelo híbrido? ¿Y cómo debemos diferenciar el precio en función de la disposición a pagar? Hasta detalles como: ¿cuáles son las condiciones de facturación? Por ejemplo, ¿se ofrecen descuentos si se paga por adelantado?

Estas son solo algunas de las preguntas que necesitan respuestas claras desde el principio.

4. *Probar la oferta.* Antes de lanzar una oferta de suscripción generalizada tras una transición drástica, es conveniente verificar la respuesta del mercado.

Probar la oferta de suscripción permite recopilar valiosas ideas para un lanzamiento masivo, recogiendo opiniones tanto sobre el uso como sobre el grado de satisfacción de los clientes con nuestra oferta. Esto permite proyectar estimaciones de flujo de ingresos y consolidar el plan de negocio correspondiente.

5. *Preparar el lanzamiento.* Último paso: preparar el lanzamiento de la oferta.

Tanto desde el punto de vista de la comunicación a los usuarios (eligiendo los medios más adecuados como Volvo, que activó con éxito las redes sociales de los medios de comunicación para lanzar su abono CARE) como del de la comunicación interna: preparar al personal de ventas para posicionar la nueva estrategia de precios junto al negocio transaccional y ofrecer los incentivos adecuados para que la oferta despegue.

Resumen

El mantra: «Si lo produces, los clientes llegarán», es una cosa del pasado que no está destinada a retornar.

Hemos pasado de poseer cosas a compartirlas. De comprar bienes a adquirir experiencias.

Hemos pasado de tener productos a prestar servicios —como si nos encontráramos con las reflexiones de Erich Fromm sobre la enorme diferencia entre ser y tener— o a pasar de las soluciones a los modelos de ingresos basados en los resultados.

Del mismo modo, las empresas están adaptando sus estrategias y operaciones comerciales para centrarse más en el cliente.

En lugar de ventas indirectas por unidad o usuario, vender directamente a los clientes y de forma recurrente.

Esto es cierto tanto en el ámbito del B2C como en el del B2B: estamos experimentando una transición desde una economía basada en los productos y centrada en los activos físicos y las transacciones a una economía fluida no vinculada a la propiedad.

En el primer caso, la atención se centra en la adquisición de nuevos clientes con ofertas estáticas y genéricas y en realizar la venta a través de una única transacción antes de pasar a buscar otros clientes.

En el segundo caso, en cambio, la relación con el cliente es el eje del modelo de negocio: la experiencia de compra se construye en torno a clientes individuales, que experimentan un servicio a medida en función de sus necesidades.

Para tener éxito, hay que tener en cuenta las cinco etapas.

1. *Planificar la transición a la suscripción*: pasar de una gestión basada en los ingresos recurrentes implica hacer muchos cambios en la empresa: en términos de oferta, precios, pero también procesos y sistemas informáticos. Por tanto, hay que adaptar el *modus operandi*.

2. *Basar la oferta en las necesidades de los clientes*: el éxito de las suscripciones significa calibrar la estructura de la oferta a las necesidades de los clientes.

3. *Determinar el precio de la oferta*: una vez establecida la oferta, hay que fijar el precio de la suscripción.

4. *Probar la oferta*: antes de lanzar de forma generalizada una oferta de suscripción tras una transición drástica, es aconsejable verificar la respuesta del mercado.

5. *Preparar el lanzamiento*: planificar la comunicación y realizar el lanzamiento es el último paso.

Lo que cuenta en este enfoque de la monetización es, pues, el acceso instantáneo, el resultado, no la propiedad. La obsolescencia planificada se sustituye por mejoras continuas capaces de satisfacer las crecientes expectativas y comprometer a los clientes en una relación duradera.

La flexibilidad que se ofrece a los clientes también aumenta: paquetes basados en el volumen, tarifas planas o contratos a largo plazo son solo algunas de las opciones que se ofrecen a los clientes; es el caso de Salesforce, Zendesk, Uber o Box, empresas cuyo objetivo es mantener una base de suscriptores, controlando el uso de los servicios que generan los ingresos recurrentes tan apreciados por la bolsa y por la alta dirección y mejorando constantemente el servicio para obtener la fidelidad de los clientes a largo plazo.

4

PRECIOS BASADOS EN LOS RESULTADOS

«La gente no quiere comprar una broca de un cuarto de pulgada, sino un agujero de un cuarto de pulgada».

THEODORE LEVITT [1]

Análisis de caso

«¿Cómo debe reaccionar un pequeño club de comedia si el gobierno sube los impuestos de las representaciones teatrales del 8 al 21 %?»

Esta fue la cuestión a la que tuvo que enfrentarse Teatreneu, un local artístico de Barcelona, cuando su público se vio alejado por la subida de impuestos en España.

El club de la comedia se asoció con la agencia de publicidad Cyranos McCann.

Su reto era encontrar una nueva estrategia para aumentar los ingresos tras la fuerte caída de la venta de entradas: un 30 % de los ingresos en solo un año, con una reducción media del 20 % en el precio de las entradas y el desplazamiento del público hacia ofertas de entretenimiento alternativas, como el cine.

La respuesta fue dividir la actividad humana, en este caso la risa, en datos medibles y así facilitar su evaluación también en términos económicos. Fue el primer caso del esquema de «pago por risa» ofrecido al público para una comedia. Este innovador sistema de pago fue posible gracias a una nueva tecnología: el reconocimiento facial.

Según los parámetros de programación de la tecnología de reconocimiento de rostros, fue posible reconocer una respuesta precisa, relacionándola con diversos estados emocionales: risa/felicidad, llanto/melancolía, sorpresa/fascinación, etc.

La aplicación de pago por risa, instalada inicialmente en una tableta, se basaba en este caso en un software desarrollado como rastreador de caras, o detector de expresiones faciales, capaz de contar, enumerar y generar estadísticas según el número de risas detectadas.

Cada vez que captaba una sonrisa, la tableta tomaba una foto y la guardaba. La tecnología, integrada en tabletas instaladas en el respaldo de cada butaca, monitorizaba al espectador.[2]

El acuerdo ofrecido era sencillo y eficaz.

La entrada era gratuita.

Si el espectáculo no te hace reír, no pagas.
Pero si te ríes, pagas según cada carcajada que te sacan los actores.

Al final del espectáculo, los espectadores pudieron comprobar el recuento de risas, ver las fotos de cada sonrisa e incluso compartirlas en las redes sociales.

Una risa tenía un precio de 0,30 euros hasta un coste máximo de 24 euros, que correspondía a 80 risas. Este era el parámetro máximo establecido y el límite no podía aumentarse, para que el público no tuviera que intentar controlar sus impulsos y reírse menos para pagar menos, sino que pudiera disfrutar del espectáculo.

A partir de la risa 81, la empresa garantizaba el mismo precio fijo, por lo que el máximo pagado era el fijado para las 80 risas.

La aplicación de pago por risa hizo su primera aparición en público en el Teatro Aquitània, en Barcelona.

Cuando Teatreneu, en colaboración con la productora Canada, debutó con la comedia *Improshow*, el precio medio de las entradas había aumentado en 6 euros y el número de espectadores en un 35 %.

Cada espectáculo de pago por risa produjo un valor de 28.000 euros extra en comparación con la taquilla normal utilizando el sistema de pago tradicional.

El sistema fue copiado por otros teatros de España.

Se creó una aplicación móvil como sistema de pago.

Se lanzó el primer abono basado en el número de risas y no en el número de programas.

Estamos ante un caso ejemplar de fijación de precios basada en los resultados, lo que se conoce como precio basado en *lo obtenido o en el rendimiento*, o un modelo de ingresos alineado con el rendimiento ofrecido por quienes prestan un servicio o producto. Hay dos elementos que hacen posible este tipo de monetización: el modelo de ingresos basado en los resultados y la tecnología.

El modelo de ingresos se basa en el resultado de la actuación, en este caso el entretenimiento: la risa resultante de una divertida actuación teatral es el resultado visible del servicio ofrecido. En cuanto al pago, está en manos de los espectadores: son ellos los que deciden mediante sus risas cuánto ganará la compañía de teatro. Si no se ríen, no se generarán ingresos. El riesgo lo asume íntegramente la compañía: debe estar segura de la calidad de sus actuaciones y del valor que se proporciona a sus clientes. Además, debe establecer el medidor de precios que mejor se adapte a la monetización del valor aportado a los clientes, su público. Encontrar la métrica de precios perfecta, capaz de captar el 100 % del valor aportado a los clientes, no es una cuestión fácil, pero es posible acercarse lo más posible a ella. Con este enfoque, Teatreneu ha conseguido aumentar sus ingresos de forma significativa; sin él, el teatro se habría enfrentado a la quiebra.

Hay quienes temen que algunos espectadores aprecien mucho el espectáculo pero no se rían o que otros intenten mantener la cara seria para no pagar. Pero seamos sinceros: solo un idiota iría a sentarse durante dos horas de comedia haciendo todo lo posible por no reírse.

El segundo aspecto es el componente tecnológico: sin las fichas instaladas en cada asiento, el software que permite el reconocimiento facial, el «recuento de risas», la facturación final y la posibilidad de compartir la experiencia en las redes sociales, ni siquiera sería posible ofrecer una fórmula de pago por risa.

Análisis del contexto

Origen

La fijación de precios basada en los resultados también tiene orígenes antiguos.

Aunque no se basa en pruebas históricas, se cuenta que el médico personal de un determinado emperador chino cobraba en función de los días que el soberano gozaba de buena salud.

Las nuevas tecnologías del siglo XXI hacen que sea cada vez más fácil basar las métricas de precios en el rendimiento: combinando plataformas digitales, aprendizaje automático, computación en la nube e internet de las cosas, se monitorizarán las condiciones de los clientes (también la salud) para producir soluciones más sofisticadas y orientar mejor sus necesidades.

En el ámbito de la salud, por ejemplo, podemos imaginar que será posible medir los efectos de los medicamentos, los dispositivos médicos o determinados servicios mediante sensores.

Los precios podrían fijarse en función del resultado real. Por supuesto, también en este caso, el valor medido técnicamente debe traducirse en unidades de precio. En el fondo, esto no difiere de la cuestión general de los beneficios expresados en precios.

Por lo tanto, utilizando este modelo de fijación de precios, los clientes pagan en función del resultado y del valor percibido. Y, cuanto más se ajuste el precio al valor reconocido por el cliente, más éxito tendrá la empresa.

El riesgo ligado a los resultados lo asume íntegramente la empresa que proporciona el producto o servicio. Si no hay resultados, no se paga. Los clientes se benefician de un resultado fiable y predecible; si no, no pagan.

Pero, ¿qué entendemos por resultado?

El punto de partida es tener una definición clara del resultado en la organización.

El resultado está marcado por tres elementos.

Para ser adecuado como base de un modelo de rentabilización, un resultado debe ser, en primer lugar, importante y sustancial para el cliente. Esto puede parecer obvio, pero muchas empresas descuidan este punto y se centran en las características del producto o servicio en el que tienen un interés intrínseco, o en el que tienen una ventaja tecnológica, incluso cuando estas características no tienen importancia o son solo un *nice-to-have* (algo bonito pero no importante) que no se corresponde con la disposición a pagar del cliente.

En segundo lugar, debe ser medible. La organización y sus clientes deben acordar uno o varios parámetros que reflejen mejor los resultados para poder verificar su resultado real.

Por último, debe ser independiente. Ni la empresa, ni sus clientes, ni terceras personas deben poder ajustar el resultado en su propio beneficio. Solo así se obtendrá un resultado objetivamente adecuado para obtener una recompensa.

Veamos ahora una serie de aplicaciones del concepto de precios basado en los resultados.

Un clic como resultado

En el mundo de la publicidad siempre fue difícil cuantificar el impacto de un anuncio: «La mitad del dinero que gasto en publicidad se

desperdicia; el problema es que no sé qué mitad», admitió John Wanamaker, el magnate de la venta al por menor, hace más de un siglo.

Desde entonces, aún con la llegada de internet, la publicidad siguió
vendiéndose en la web según los modelos tradicionales de precios basados en la exposición, como la tarifa fija o el modelo de precios por
«impresión» (es decir, el pago cada vez que el anuncio se muestra en un
sitio web).

Sin embargo, con el tiempo han surgido modelos de precios mucho
más innovadores, basados en las acciones que el usuario realiza en respuesta a un anuncio.

Hoy en día, este tipo de modelo se está imponiendo y es más popular que los más tradicionales.

La gota que colmó el vaso vino de la mano de Procter & Gamble,
que hace tiempo negoció un acuerdo con Yahoo! por el que el portal
cobraba el anuncio único en función del número de veces que alguien
hiciera clic en él, de ahí el nombre de «pago por clic». Así, Yahoo! solo
cobraba cuando un usuario hacía clic en el anuncio.

Esto también ocurrió en Google, de modo que el pago por clic se ha
convertido en el modelo de precios más utilizado en la publicidad de
pago en las búsquedas.

Hoy en día Google declara a sus clientes: «Solo pagas si obtienes
resultados, por ejemplo: un clic en tu sitio web o llamadas directas».[3]
Esta es la esencia de la oferta de Google, tal y como se resume en su
informe anual: «La publicidad se basa en el coste por clic, solo se cobra
cuando un usuario hace clic en un anuncio en Google o… cuando ve
un anuncio en YouTube» (Google compró la plataforma de vídeo en
2006 por la suma, entonces récord, de 1.650 millones de dólares).

El resultado es la base del modelo de rentabilización; si antes se cobraba una tarifa plana esperando captar la atención del usuario, ahora
solo se cobra si el usuario ha visto realmente el anuncio.

Google va más allá: ahora existe la opción de pagar por conversiones
en lugar de por clics. En el *pago por conversión* —también conocido

como pago por acción— el anunciante paga por las conversiones, es decir, solo cuando los clientes pasan del banner a su sitio web y realizan una compra.[4]

Gracias a estos modelos, en 2020 Google logró obtener una cifra récord de ingresos por publicidad: 147.000 millones de dólares.[5]

Kilovatios hora como resultado

Quienes invierten en energía eólica tienen un único objetivo: producir energía. Si son proveedores, ¿por qué no cobrar, entonces, en función de la energía producida?

Según esta lógica, Enercon, principal proveedor de turbinas eólicas, aplica un tipo de medición de precios bastante innovador. La tarifa se calcula sobre la base de la producción anual de energía realmente alcanzada por los aerogeneradores.

La empresa solo cobrará cuando sus clientes produzcan energía. En los periodos de vientos fuertes con alta producción, los clientes pagarán más; en los periodos de vientos bajos, con la correspondiente baja producción de energía, pagarán menos.

La novedad es que Enercon participa en el riesgo empresarial de sus clientes. De hecho, Enercon asume una parte sustancial del riesgo.[6]

El contrato estipulado se denomina EPC (Enercon Partner Concept) e incluye mantenimiento, asistencia y reparaciones. Los clientes pagan una cuota mínima en función del tipo de turbina utilizada. Este mínimo incluye los siguientes servicios: mantenimiento periódico, garantía de disponibilidad, reparaciones (incluidas las piezas de recambio), transporte y supervisión a distancia las 24 horas del día.

Para mantener los costes lo más bajos posible, sobre todo en los primeros cinco años de funcionamiento, Enercom también se hace cargo de la mitad de las tasas a pagar al EPC durante este periodo. No es hasta el sexto año de funcionamiento cuando el cliente paga la totalidad de la tasa, aplicando una sencilla fórmula: tasa = kWh generado × precio por kWh.

Este servicio innovador y la oferta de precios son obviamente bien recibidos por los clientes. Alrededor del 90 % de ellos firman un contrato de acuerdo con la propuesta de EPC. Un requisito importante para el éxito del contrato es que Enercon es capaz de medir el rendimiento del aerogenerador y, por lo tanto, cualquier manipulación por parte del cliente queda descartada.

Horas de luz como resultado

¿Qué tienen en común Ikea, Walmart, Aldi y Apcoa?

Todas estas empresas ofrecen a sus clientes un aparcamiento, en parte cubierto, que debe estar iluminado, al menos durante una parte del día.

Había varias empresas que se ocupaban de estos aparcamientos a la manera tradicional: vendían piezas de recambio, como bombillas nuevas, por unidades, y cobraban una tarifa por hora por cualquier tipo de servicio de mantenimiento.

Es fácil imaginar que se trata de un mercado poco diferenciado y muy competitivo, en el que las ofertas de los distintos proveedores son fáciles de comparar y los proveedores están sometidos a mucha presión. En la mayoría de los casos, quien ofrece el mejor precio gana a la competencia. Simple.

Pero lo que Ikea aprecia no es la luz real que proporcionan las bombillas, sino la confianza que sus clientes obtienen de un aparcamiento bien iluminado.

Si una de las luces del aparcamiento estaba defectuosa, el supermercado llamaba a un técnico para que la sustituyera.

Si esta operación tardaba demasiado, los clientes se quejaban de que el aparcamiento era inseguro y al final quizá se iban a comprar (y a aparcar) a otro sitio, lo que hacía que la empresa perdiera ingresos.

Si… si.

Mientras que, en la ciencia ficción, el «qué pasaría si» es una condición necesaria y suficiente para crear esos mundos imaginarios de la ciencia ficción, en la realidad los «si» no producen resultados.

Tras hablar con los responsables de una cadena de supermercados a la que prestaba servicio, un proveedor con visión de futuro se dio cuenta del verdadero valor de su oferta y reconoció la oportunidad, además de la necesidad, de cambiar las reglas del juego.

Volvió a los gestores con una idea y un modelo de precios basado en el resultado: pago en función del número de horas que el aparcamiento estuviera totalmente iluminado.

Si se rompe una bombilla, la cadena de supermercados no tiene que pagar.

Por supuesto, las bombillas están siempre en perfecto estado: los proveedores tienen su equipo de mantenimiento, que realiza comprobaciones periódicas. Esto se traduce en una importante reducción de costes, porque se reduce el personal de emergencia y el supermercado es un cliente más feliz, que utiliza su «propia» capacidad para garantizar un aparcamiento seguro y bien iluminado en sus iniciativas de marketing.

Y supongamos que, en lugar de los aparcamientos, fuera su empresa la que no tuviera que comprar bombillas o luces y pudiera simplemente pagar la luz que consume de forma responsable.

Esto significa que no hay accesorios, bombillas…lo mejor: ¡no hay necesidad real de poseer ningún tipo de producto de iluminación! Ni siquiera tienes que pensar en ello.

Esta es la idea que subyace en el modelo de rentabilización concebido por el director general de Philips, Frans van Houten, que concibe la iluminación de una forma completamente nueva, reconociendo la necesidad de los clientes de disponer de tantas horas de luz en sus oficinas: lo que interesa no es el producto, sino el resultado.

Los clientes «solo» quieren comprar la luz, nada más.

Lo que se vende aquí es el resultado, la luz, y ya no el producto.

Así, los clientes de la empresa pagan a Philips una tarifa plana por la gestión de todo el servicio de iluminación (planificación, equipamiento, instalación, mantenimiento y actualización) y, por lo tanto, de la luz consumida (el resultado).

Un sistema a medida permite ahorrar en los costes iniciales asociados a la instalación de la iluminación de bajo consumo.

Al planificar un servicio de larga duración, en lugar de un enfoque de «vendo y me olvido», la iluminación se proporciona de la manera más eficiente y económica posible, lo que fomenta el uso de la iluminación de bajo consumo. La operación tiene otro beneficio ecológico: al final del contrato, los productos pueden reutilizarse, reduciendo así los residuos.

El metro de Washington D.C. fue uno de los primeros en suscribir este modelo, junto con la Unión Nacional de Estudiantes del Reino Unido y Rau Architects, de los Países Bajos: «Acabamos creando un plan de iluminación minimalista que utilizaba la luz solar natural del edificio en la medida de lo posible, para no desperdiciar materiales ni energía», explican los responsables de Rau: «Un sistema combinado de sensores y controladores también nos ayudó a reducir el uso de energía a un mínimo absoluto, regulando o encendiendo la iluminación artificial en respuesta al movimiento o la presencia de luz natural».

Por otro lado, desde el punto de vista empresarial siempre ha habido un problema con los LED: ¿cómo se gana dinero cuando el producto dura décadas? Con la llegada al mercado de tecnologías más eficientes, Philips se dio cuenta de que podía vender esta solución a sus clientes.

En 2014, la revista *Fortune* nombró al director general de Philips, Frans van Houten, uno de los 25 mejores ecoinnovadores del mundo, reconociéndolo como pionero de esta innovación.[7]

Rocas rotas como resultado

Las soluciones de ventanilla única pueden suponer más beneficios para los clientes en términos de mayor seguridad y eficiencia, y pueden revolucionar sectores que han permanecido estáticos durante décadas en el ámbito de la monetización.

Este es el caso de la dinamita comercial utilizada en los trabajos de excavación.

Hasta ayer, ¿cuál era el modelo de precios utilizado? Simplemente el precio por explosivo más los servicios.

La empresa australiana Orica, líder mundial en la producción de explosivos comerciales y sistemas de arenado, ha cambiado esta antigua regla y ahora ofrece a los operadores de canteras una solución única. Orica no solo suministra los explosivos comerciales en función de la calidad de la roca rota o del grado de fragmentación de la roca, sino que también analiza la roca y realiza operaciones de perforación o voladura. En este modelo de sistema, Orica proporciona a los clientes la piedra triturada y les cobra por toneladas.

El resultado es lo que se llama «roca en el suelo», donde las dimensiones de la roca que genera la explosión están fuertemente correlacionadas con su valor para el cliente. Cuanto más pequeños sean los fragmentos de roca, más rápido y fácil será el proceso de excavación.

Al tratarse de una solución personalizada, los precios son menos comparables y los ingresos de los clientes aumentan, así como la eficacia y la seguridad. Los clientes ya no tienen que preocuparse por el proceso de pulido.

Resultado: es más difícil cambiar de proveedor.

Gracias al nuevo programa digital BlastIQ, Orica afirma «estar en condiciones de proporcionar mejoras predecibles y sostenibles que pueden reducir los costes globales de la excavación y la voladura y aumentar la productividad y la seguridad, asegurando también… que los clientes tomen decisiones mejores y más rápidas, que produzcan mejores resultados en sus operaciones».

Así es como la empresa ha pasado de vender explosivos que hacen un agujero a ofrecer una solución integrada apoyada en datos vinculados a la voladura.

El análisis de los datos de los clientes ha permitido identificar los factores y esquemas que afectan al proceso de voladura. Y así, Orica ofrece incluso resultados garantizados, dentro de ciertos márgenes, que permiten predecir, cuantificar y controlar los efectos de las explosiones.

De este modo, los operadores de canteras o minas pueden tomar decisiones específicas sobre cómo llevar a cabo sus proyectos, con un ahorro de tiempo y dinero que habría sido inconcebible antes de la entrada en funcionamiento de este modelo de precios.

La salud como resultado

Pagas para curarte, pero ¿qué pasa si no te curas?

Estamos acostumbrados a comprar medicamentos o tratamientos y a pagar un precio independientemente de si nos recuperamos o no.

Johnson & Johnson fue una de las primeras empresas en proponer un modelo de precios basado en los resultados en el campo de la oncología en Inglaterra.

Si el tratamiento anticanceroso no resulta eficaz, se reembolsa a los pacientes la totalidad del dinero gastado en el tratamiento.

Otros se han movido en la misma dirección.

Roche, la multinacional farmacéutica suiza, propone sistemas de reembolso personalizados que rompen claramente con la tradición de cobrar por una píldora u otro tratamiento, es decir, el *modelo propietario* clásico en este sector.

Con este nuevo modelo, en cambio, Roche reconoce que los efectos de los medicamentos pueden variar en función de las indicaciones, es decir, de la afección específica del paciente, de la combinación con otros fármacos y de la respuesta; de este modo, los clientes se adaptan a la nueva realidad. En lo que Roche denomina pago por respuesta, el cobro se basa en la respuesta del paciente a su tratamiento con un producto farmacéutico específico durante un periodo de tiempo determinado. [8]

En pocas palabras, el paciente firma un contrato. La empresa se compromete a reembolsar el precio pagado si el tratamiento no tiene éxito. Ya sea directa o indirectamente a través de socios intermediarios.

En 2017, la empresa farmacéutica Amgen y la aseguradora Harvard Pilgrim llegaron a un acuerdo de este tipo: Harvard Pilgrim se beneficia de un descuento cuando un paciente tratado con el medicamento Repatha de Amgen (que reduce el riesgo de infarto al disminuir los niveles de colesterol) no registra mejoras significativas.

Medtronic: «Firmó casi 1.000 contratos que obligaban a la empresa a reembolsar a los hospitales los costes sufridos si su antibacteriano estrella Tyrx no lograba prevenir las infecciones en los pacientes que recibían trasplantes de corazón», subrayó Omar Ishrak, en aquel momento director general de la empresa.[9] La empresa también tiene un acuerdo de reembolso con el grupo asegurador Aetna si los diabéticos no mejoran cuando se pasan a los tratamientos de Medtronic. Se están evaluando otros contratos basados en resultados.

Pero el gigante de la tecnología médica de Minneapolis no está solo.

GE Healthcare y Philips son algunos de los productores que vinculan el pago a los resultados reales. El cambio hacia contratos y asociaciones basados en la monetización vinculada a los resultados es una evolución natural del cambio más generalizado hacia el tratamiento basado en los resultados.

«Las empresas de tecnología médica están buscando activamente oportunidades para comprometerse de nuevas maneras con los hospitales y los médicos, y buscando métodos para compartir el riesgo que corren este tipo de proveedores con sus nuevos modelos de pago, así como para compartir los beneficios», dijo Don May, vicepresidente ejecutivo de política de pagos y prestación de servicios sanitarios de AdvaMed.

GE ha puesto en marcha una importante iniciativa para incorporar e interconectar sensores digitales en sus equipos médicos, motores aeronáuticos, turbinas eléctricas y otros equipos. Y esto es solo el principio. GE es una multinacional que ha iniciado el camino de la transformación digital, ofreciendo servicios basados en resultados, en los que los clientes solo pagan por la producción generada por GE sobre la base de KPI, o indicadores de rendimiento acordados. Esta transformación ha dado sus frutos. La empresa genera ahora 2.000 millones de dólares al año gracias a los servicios basados en resultados, que solo ofrece su unidad de servicios médicos[10].

Estas oportunidades tienen un amplio abanico de aplicaciones: van desde los acuerdos sobre precios —como el Tyrx de Medtronic, en el que hay un precio por alcanzar métricas de calidad y otro si no se logran—, hasta los demás ejemplos citados, todos ellos vinculados a resultados, aunque algunos en particular combinan un modelo de precios tradicional y transaccional que da lugar a que el paciente posea el medicamento o el tratamiento a cambio de un pago, con una promesa de reembolso si no se obtiene el resultado esperado.

Riesgo asegurado como resultado

Algunas actividades de promoción de la salud deberían recibir incentivos a través de primas de seguro menos costosas.

Hay muchas aplicaciones posibles y simultáneas para el uso de nuevas métricas de precios en el sector sanitario. En este caso, las mediciones pueden llevarse a cabo mediante relojes inteligentes, sensores integrados en aparatos ortopédicos especiales u otras formas de diagnóstico a distancia.

La empresa británica de seguros de enfermedad AIG Direct utiliza el índice de masa corporal (IMC) como base para calcular la tarifa mensual. Solo se hacen excepciones en casos especiales en los que la persona asegurada practica un deporte especial, en algunos casos incluso de competición, de modo que el IMC resultaría distorsionado por la mayor musculatura desarrollada.

Además, los incentivos en materia de precios pueden servir para recompensar los comportamientos deseables y hacer que los indeseables sean objeto de sanciones. Evidentemente, nos corresponde decidir cuáles son estos en el marco de un contexto más amplio, empresa por empresa, en función de una reflexión más amplia sobre los objetivos que deben alcanzarse a corto, medio o largo plazo.

Transformación de la fijación de precios y, por tanto, de la empresa

Este tipo de rentabilización puede ser atractivo tanto para el comprador como para el proveedor. En la práctica, simplifica la vida del comprador y, si los clientes no reciben los resultados garantizados, simplemente no pagan y, en algunos casos, incluso se pueden aplicar penalizaciones.

Por otro lado, los vendedores asumen el riesgo pero crean valor al resolver la complejidad del cliente, fijando el precio del servicio en función del valor creado.

Esta forma de hacer negocios puede mejorar la relación con el cliente, integrándose de alguna manera en el contrato junto con las actividades rentables de asistencia y mantenimiento a largo plazo.

Por ello, algunas empresas empiezan a hablar de *outcome-as-a-service*: el resultado como servicio. Este nuevo enfoque requiere una relación diferente con el cliente en comparación con la que existía en la fijación de precios transaccional.

La relación comienza con la identificación del problema que el cliente necesita resolver. Es esencial escuchar lo que dicen los clientes, especialmente si no saben exactamente lo que quieren y/o lo que la empresa puede ofrecer. Qué servicio ofrecer después de escuchar (un bien escaso en nuestros tiempos)... ¿el cliente quiere la garantía de un servicio de 24 horas, 7 días a la semana, o el objetivo es maximizar los ingresos? Dado que puede haber varios escenarios que impliquen diferentes protocolos operativos y niveles de riesgo de rendimiento, dejar claras las expectativas del cliente es absolutamente fundamental.

El resultado, como modelo de rentabilización, también implica la presentación de informes. La comunicación continua con el cliente es esencial y debe definirse en el contrato. A menudo implica a varias divisiones: los responsables de los préstamos, la información financiera, hasta los datos de las emisiones.

Por supuesto, cualquier fallo en el rendimiento se vuelve crítico, o más bien inevitable, tanto para documentarlo como para rectificarlo.

Si no se gestiona correctamente, este fallo puede crear un mayor riesgo financiero, además de dañar las relaciones entre clientes y proveedores.

Para vender con éxito y ofrecer resultados, los generadores deben reflexionar (y en algunos casos reestructurar) su forma de hacer negocios, desde su comercialización inicial hasta la entrega.

El proceso de venta suele requerir un diálogo entre varias partes, tanto para los compradores como para los vendedores. Aunque los márgenes de beneficio suelen ser considerablemente mayores en este modelo, los riesgos de rendimiento también lo son.

El personal de ventas debe comprender plenamente los resultados que vende y garantizar los costes de entrega a toda la organización, así como los riesgos. El antiguo modelo de ventas —conseguir un contrato y seguir adelante—, en el que la fase de entrega al final (la responsabilidad fatal) es asunto de otros, ya no es posible.

Los equipos integrados deben colaborar desde el proceso de fijación de precios hasta la entrega real, concentrándose en el servicio prestado al cliente.

Hay que definir todos los aspectos del servicio y fijar un precio adecuado. El riesgo de que el servicio falle, con un tiempo de inactividad que puede ascender fácilmente a millones de dólares en un tiempo relativamente corto, se convierte ahora en responsabilidad del proveedor de soluciones.

Estos riesgos deben ser evaluados y tenidos en cuenta con precisión en el producto.

Los proveedores deben establecer ciclos de comunicación y *feedback,* de modo que el potencial de fracaso se reduzca al mínimo, al tiempo que se garantiza que las lecciones aprendidas se incorporen a la organización.

Los incentivos programados deben ajustarse para que equipos enteros sean recompensados por el rendimiento y la creación de valor.

Desde el punto de vista del cliente, debe parecer un flujo continuo. A nivel interno, esto significa asignar claramente las responsabilidades del proveedor y desarrollar la capacidad de aprender y adaptarse rápidamente. Si lo pensamos bien, al final esto no es diferente de todo lo que conlleva el concepto de «evolución».

Resumen

Empresas de los más diversos sectores en diferentes naciones y continentes han dejado atrás los modelos de ingresos transaccionales para basar su monetización en modelos que reflejan el valor para el cliente, cobrando en función de los resultados.

Para serlo, el resultado debe tener al menos tres características: debe ser importante y sustancial para el cliente, medible y, por último, independiente.

Ejemplos de resultados son las risas en el sector del entretenimiento, los clics en la publicidad, los kWh en el suministro de energía y la salud en el sector médico, por mencionar solo algunos.

Tanto el comprador como el vendedor obtienen ventajas.

La vida del comprador se simplifica: si los clientes no reciben los resultados garantizados, no pagan.

Por otro lado, el vendedor asume el riesgo, pero fija el precio del servicio en función del valor creado y este se rentabiliza totalmente.

Los modelos de precios basados en los resultados cuantifican y miden el resultado para el cliente, es decir, el valor, aprovechando la innovación, los datos, las nuevas tecnologías y la experiencia.

La creación de estas capacidades, junto con la creciente digitalización, puede representar un cambio cultural crítico y exigente para las empresas.

El aumento de los márgenes de beneficio y la creación de ventajas competitivas vinculadas al modelo de fijación de precios, o los contratos más largos, compensan el riesgo asumido y crean oportunidades para consolidar la relación con los clientes, proporcionándoles los resultados y servicios que necesitan.

5

PRECIO PSICOLÓGICO

«Todo nuestro conocimiento se origina en nuestras percepciones».

LEONARDO DA VINCI

El comportamiento de la gente no depende solo del valor de los bienes y servicios disponibles y de sus respectivos precios, sino también y principalmente de las percepciones que la gente tiene de las cosas.

> **percepción**. [del lat. *perceptio-onis*, derivado de *percipĕre*]. – 1. Acto de percibir, es decir, de tomar conciencia de una realidad considerada externa, a través de estímulos sensoriales, analizados e interpretados mediante procesos psicológicos e intelectuales. [1]

Muchos autores han escrito sobre la percepción: Aldous Huxley, Pavel Aleksandrovič Florenskij, Ernst Mach y los teóricos de la Gestalt. Además, «No vemos las cosas como son; vemos las cosas como somos nosotros mismos», recitaba el Talmud, el texto sagrado babilónico; una idea ensalzada luego por figuras famosas e ilustres, como el filósofo alemán Kant y el psicoanalista suizo Carl Gustav Jung o también por la escritora francesa Anaïs Nin.

Análisis de caso

La fijación de precios basada en el comportamiento tiene en cuenta este concepto y reconoce que los clientes también pueden comportarse de forma irracional.

¿Un buen ejemplo de comportamiento irracional? Aquí hay uno. [2]

Olor a agua salada en el aire, tumbado en la toalla, con los ojos cerrados, las manos hundidas en la arena, la piel ardiendo aunque la hayas embadurnado de crema solar, es el «momento perfecto» —lo sabes, lo sientes —mientras estás tumbado en una encantadora playa caribeña (Rimini también servirá).

No hay ni una nube en el cielo y es un día maravilloso y caluroso.

De hecho, en las últimas dos horas lo único que has hecho es pensar (obsesivamente) en cómo te gustaría una botella helada de tu cerveza favorita.

Al igual que el verano pasado, cuando estabas a dieta —que en la décima sesión extra (obligatoria), justo antes de la prueba del bikini, nos dicen que se llama «régimen alimenticio»— y el pollo asado y las tartas flotaban en tu cabeza mientras dormías, este año es la fantasía «helada» y la mejor manera de refrescarse en la playa, cuando hace un momento estabas leyendo sobre los últimos incendios provocados y la crisis climática. Sacudes la cabeza y por un segundo te gustaría dejar de pensar. Disfrutar del merecido descanso en silencio. No pensar, por favor.

«Nada saldrá bien», piensas; son las matemáticas, es la décima Ley de Murphy.

En cambio, todos deberíamos saberlo: el Universo está ahí dispuesto a darnos la razón y demostrar a la humanidad una vez más, si fuera necesario, que no sabemos nada. E incluso cuando sabemos, mistificamos, alterando los significados en nuestro (des)beneficio.

La misma Ley de Murphy no dice en realidad que las cosas estén destinadas a ir mal. Se trata de una interpretación. Nuestra interpretación, típica de seres humanos, nos dice que las cosas no saldrán como pensamos, y que el mundo es mucho más grande que nosotros, con nuestra limitada capacidad para normalizarlo mediante el uso de ecuaciones matemáticas y de decisiones pertinentes, o supuestamente racionales.

De hecho, en el preciso instante en que pensabas: «¡Cómo me gustaría una cerveza helada!», a pesar de que aflora tu lado más victimista, un amigo se levanta para ir a hacer una llamada telefónica y te dice: «Si quieres, te traigo una cerveza». No sabes si echarte a llorar o abrazarle; y lo harías, salvo que estás sudando demasiado, incluso para tu amigo.

Tu amigo te mira, esboza una sonrisa, pero se queda parado, el último regalito heredado de la pandemia es «la distancia justa», que quizás nunca estará en armonía con la empatía física; y descubres que el único lugar cercano a donde va tu amigo y donde venden tu cerveza es —por supuesto— un hotel de lujo (¡!).

«La cerveza puede ser cara», insiste tu malvado amigo, preguntándote cuánto estás dispuesto a pagar.

Él o ella —pero en nuestro caso «el cabrón» es él, el amigo que tienes en mente ahora— te plantea un dilema: ha leído demasiado y es un incurable adicto a los crucigramas, así que, aún no satisfecho, sale con el acertijo de las tres puertas o la solución de Monty Hall, murmura algo sobre soluciones no contraintuitivas (!) y hace la siguiente propuesta: comprará la cerveza si cuesta lo mismo o menos de lo que le dices; si, en cambio, el precio de la cerveza es más alto de lo que decides, no la comprará.

Aparte de revisar tu amistad, ¿cuál es la solución, ya que no te es posible negociar con el camarero? ¿Qué precio le vas a decir a tu amigo?

Análisis de caso — Versión alterada

Ahora imagínate de nuevo en el mismo escenario.

Sigues tumbado en la playa en un día caluroso. Llevas un par de horas pensando intensamente en lo mucho que te gustaría una botella helada de tu cerveza favorita. Un amigo se levanta para ir a hacer una llamada telefónica y se ofrece a traerte una del único lugar de los alrededores donde la venden, es decir, una pequeña tienda en mal estado.

¡Correcto!

¿Lo ves? El inconsciente ya está trabajando.

Posibles alternativas. Escenarios idénticos. Solo un pequeño cambio. Veamos qué tipo de impacto tiene en la historia.

Todavía sonriendo, el amigo te pregunta cuánto estás dispuesto a pagar por la cerveza.

¿Qué precio le dirás en este caso?

Se presentaron estos dos escenarios a un grupo de muestra bastante amplio y, por término medio, tendieron a nombrar el doble de precio para la cerveza del hotel, en comparación con la de la tienda.

Desde un punto de vista económico, esto no es racional y no es lo que la teoría del *homo economicus* esperaría: la cerveza es la misma, la temperatura en la playa es la misma y ni siquiera se trata de una experiencia de compra directa en dos puntos de venta diferentes, ya que tu amigo está comprando la cerveza solo para ti.

Evidentemente, los factores psicológicos influyen mucho en la disposición a pagar, que no es solo resultado del valor que se recibe del producto. Este reconocimiento es la base de la economía del comportamiento: los clientes no siempre actúan de forma racional.

Las tácticas de fijación de precios que juegan con el «lado oscuro», el lado irracional del cliente, se resumen en el término de precios conductuales.

Análisis del contexto

Las nueve reglas de fijación de precios por comportamiento que marcan la diferencia

En la práctica de la fijación de precios basada en el comportamiento encontramos ciertas reglas básicas que pueden ayudar a las empresas a rentabilizar el valor aportado al cliente de forma selectiva. Las hemos introducido en muchas empresas y han dado resultados claros al instante, en parte combinadas entre sí. Veamos algunas de ellas.

1. Contextualizar el valor con un «precio ancla»

Los hermanos Matt y Harry dirigen una tienda en Nueva York. Son tipos agradables, simpáticos y astutos. Matt es el vendedor, de ojos castaños y flequillo rubio; Harry es el sastre, pacífico, cuidadoso, de expresión melancólica.

Venden trajes: elegantes y sobrios tweeds de lana de las islas Shetland. El mostrador que recorre el centro de la tienda es de madera y hierro forjado, imagen de tiempos pasados con damas de falda larga y caballeros de bigote encerado, cuando Europa bailaba el vals bajo preciosos candelabros de Bohemia en el Ballhaus antes de la guerra, o *kilts* de tartán rojo y verde tendidos en las sillas: recuerdos de tiempos pasados.

De hecho, la familia de Matt y Harry es de origen escocés por parte de su padre.

Un suave silencio impregna la tienda, las partículas de polvo bailan alegremente en el aire, los rayos del sol juegan con los objetos que allí se encuentran: unas tijeras sobre el mostrador a la espera del próximo traje a medida, un par de zapatos de hombre, trozos de algodón sobre los tabiques. Entonces suena un timbre y una puerta de madera con paneles de cristal deja pasar la luz del día. El cliente entra: «Buenos días». Mira a su alrededor, a las escaleras que suben al segundo piso, donde están los sombreros y otros accesorios. Da un paseo y se detiene delante de una chaqueta.

Cuando Matt percibe que al cliente le gusta la chaqueta, le guiña un ojo a su hermano. Harry baja a buscar tela y Matt se ocupa del cliente, haciéndose un poco el sordo.

Cuando el cliente pregunta el precio del traje, Matt grita al sótano: «Harry, ¿cuánto cuesta este traje?». Harry responde que no puede subir a mirar ahora mismo, pero que, si es el que él piensa, cuesta 92 dólares. Matt hace como que no oye. "¿Cuánto?", vuelve a preguntar. Harry repite la cifra desde abajo, su voz resonando como si estuviera bajo el agua pero expresando claramente noventa y dos. Entonces Matt se vuelve hacia el cliente y, con su mejor sonrisa, le dice: «Son 42 dólares, gracias». El cliente no duda ni un segundo, paga el precio y desaparece.

¿Qué nos enseña esta historia?

Que el cliente ha caído en la trampa de Matt y Harry. ¡Son escoceses y tan astutos que podrían venderle fuego al diablo!

Pero también es cierto que el cliente ni siquiera se molestó en comprobar la calidad del traje. Ni siquiera comparó los precios, como hubiera esperado la teoría de los juegos del *homo oeconomicus*.

Al contrario de lo que suponemos, las decisiones de compra de este tipo se producen con frecuencia y no se basan en comparaciones ponderadas, son fruto de decisiones impulsivas y, a menudo, irracionales.

La gente evalúa los precios como altos o bajos en función de su estado de ánimo del momento.

Por ejemplo, en una prueba a la gente le gusta más el mismo vino si el precio es más alto. Esto puede parecer absurdo, pero recordemos el ejemplo de la cerveza.

Por ello, algunas empresas llevan años estudiando el comportamiento de sus clientes para saber cómo maximizar la facturación y los beneficios mediante una estrategia de precios óptima. Las metodologías innovadoras para medir la disposición a pagar o predecir las reacciones a las ofertas promocionales o las rebajas entran en este ámbito.

Otro ejemplo famoso de fijación de precios es el de la revista *The Economist*.[3]

Un panel de lectores se divide en dos grupos para realizar una prueba de precios.

Al grupo A se le presentan dos opciones: una suscripción en línea por 59 dólares o una suscripción tanto en línea como impresa por 125 dólares.

En cambio, al grupo B se le presentaron tres opciones: una suscripcion online por 59 dólares, una suscripción exclusivamente en papel por 125 dólares y una suscripción tanto en línea como en papel por la misma suma de dinero.

Por lo tanto, la diferencia en las ofertas era únicamente el precio de la subinscripción para el ejemplar impreso.

El efecto de este precio fue hacer que el paquete online más la suscripción impresa pareciera muy razonable, y que la suscripción online pareciera más o menos un regalo.

El 84 % de los lectores del grupo B optó por el paquete de impresión más internet, mientras que solo el 32 % del grupo A optó por este paquete (véase la figura 5.1 [4]).

Figura 5.1: Efecto del anclaje del precio en las preferencias de los clientes

El efecto del anclaje del precio en las suscripciones a revistas

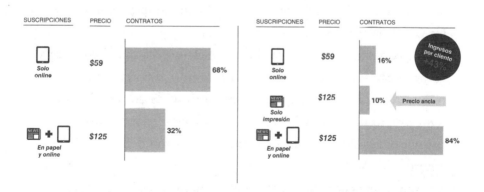

| SUSCRIPCIONES | PRECIO | CONTRATOS |

Al agregar un precio ancla, la facturación por cliente se incrementa en un 43%

Una vez más, estos dos ejemplos demuestran el poder de la fijación de precios.

Al influir en la percepción del precio, se fija en el cliente un punto de referencia monetario para orientar la elección. Si se eleva el punto de referencia monetario, inevitablemente se obtendrán precios más altos. El anclaje permite así a los que «bajan» el ancla del precio establecer el punto de referencia a su favor. ¿Cómo?

Procediendo a influir en la disposición de pago del cliente.

2. Eliminar la resistencia a la compra mediante el modelo de impresora/cartucho

Nuestra investigación, en relación con los clientes B2C y B2B, ha demostrado que una de las principales barreras para la compra es el coste del desembolso: aunque lo que hay que tener en cuenta es la suma de los costes a lo largo de todo el ciclo de vida de un producto, el desembolso inicial sigue siendo el mayor obstáculo que hay que superar a la hora de vender.

Supongamos que somos una empresa que fabrica impresoras y que, además de vender la línea principal de productos, también vendemos cartuchos.

Estamos en la fase de lanzamiento de una nueva impresora en el mercado con cartuchos de tinta especiales.

Supongamos también que, además de la impresora, nuestro objetivo necesita un cartucho cada mes. En cuanto al precio, el equipo de marketing de la empresa sugiere dos modelos de precios: el primero prevé un precio de 510 dólares y 20 dólares por cartucho al mes, mientras que el segundo modelo tiene un precio de 150 dólares y 50 dólares por cartucho al mes.

Aunque un cliente racional es indiferente a las dos opciones, porque en un periodo de 12 meses el precio total de la impresora y los cartuchos es el mismo (es decir, 750 dólares), nuestra investigación muestra que el segundo modelo de precios gana, porque el desembolso inicial requerido es menor. Así, el cliente cree que, de alguna manera, ahorra, mientras que es simplemente una cuestión de distribución de costes, que se reparte sustancialmente en varios meses.

Es una cuestión de percepción del tiempo y de ahorro/inversión.

Lo mismo ocurre con las maquinillas de afeitar y las hojas de afeitar, así como con las máquinas de café y las cápsulas, hasta las carretillas elevadoras que se venden con márgenes de beneficio negativos para luego ganar dinero con los servicios de posventa y las piezas de recambio. En definitiva, productos correlacionados.

El motivo, tanto en contextos B2C como B2B, es que desde un punto de vista psicológico el precio pagado en el momento de la compra tiene un impacto claramente superior al coste acumulado durante el uso. En términos técnicos, se trata del coste de propiedad.

Por eso, al establecer una estrategia de precios, a menudo se adquiere un cliente mediante un precio inicial razonablemente bajo, seguido de unos costes variables considerables. Esta es también la esencia de la gestión del ciclo de vida del cliente: varias empresas, por ejemplo en el ámbito de la informática, venden una versión básica inicial de su producto, para luego vender versiones avanzadas mediante el llamado *up-selling*. Las empresas capaces de ofrecer y vender productos complementarios, como cuchillas de afeitar, cápsulas o recambios, saldrán ganando si siguen este modelo de precios.

3. Aprovechar la máxima disposición a pagar mediante el «umbral de precios»

Teniendo en cuenta que el subconsciente influye mucho en el comportamiento de compra, a la hora de determinar los precios hay que encontrar una respuesta a la pregunta: ¿cómo percibe el precio el cliente? ¿Y qué reacción produce el precio en su cerebro?

Los estudiantes de ciencias del comportamiento y los economistas llevan mucho tiempo buscando respuestas a estas preguntas.

Un precio de 1,99 dólares se asocia a un gasto de 1 dólar, en lugar de a uno de 2 dólares, esto lo sabemos. Pero, ¿por qué? El fenómeno se explica por una cuestión de «cognición numérica»: la gente tiende a evaluar los números con varios decimales ordenándolos en una línea mental. Además, la gente lee según la interpretación de los números arábigos —los números que usamos todos los días y que el sistema decimal no hace más que perfeccionar—, es decir, hojeando los precios leyendo de izquierda a derecha. En la práctica, esto significa que precios como el de la gasolina, por ejemplo, suelen terminar con un 9: el precio de un litro de gasolina a 1,799 dólares suma un total de 107,94 dólares por un depósito lleno de 60 litros. Con un precio de 1,8 dólares, el mismo depósito lleno costaría, en cambio, 108 dólares. A pesar de que el ahorro solo es de 6 céntimos, los conductores estarán dispuestos a dar vueltas por la ciudad —consumiendo básicamente la diferencia de 6 céntimos— hasta que encuentren una gasolinera aparentemente más barata que les permita ahorrar dinero.

Detenerse por debajo del «umbral psicológico» permite manipular las preferencias incluso cuando la ventaja ofrecida es insignificante. Hemos visto que al final el cliente pierde tiempo (¡!) y dinero buscando lo que parece ser la gasolinera más barata.

Hay que añadir que los clientes suelen tener un «umbral de precio» en mente: esto implica que la diferencia percibida entre 99,99 dólares o 99 y 100 dólares es mucho más que un céntimo o un dólar.

A lo largo del tiempo, muchos estudios de mercado han identificado el umbral de los 50 dólares, fijando el precio en 49,99 dólares en lugar de 51 dólares, con el fin de ganar un cierto porcentaje de clientes que no están dispuestos a pagar 51 dólares, pero sí al precio del umbral.

Esto también puede significar subir el precio sin perder volumen de ventas ni dañar la imagen de precios de la empresa.

Por ejemplo, si un conocido fabricante de chicles que ofrece un paquete a 92 céntimos frente a un precio umbral de 1 dólar, aumenta el precio hasta el límite del umbral, es decir, 99 céntimos, conseguirá ganar 7 céntimos por cada paquete vendido sin perjudicar su imagen de precios. Y, según la ley de los números, sabemos que con un volumen de ventas considerable, esos 7 céntimos pueden suponer fácilmente un beneficio total de millones de dólares en el espacio de solo un par de años. [5]

4. Facilitar la elección del cliente mediante el efecto equilibrio

Un bar de vinos céntrico. Botellas y chocolate. El bar principal muestra vinos regionales, italianos e internacionales. Supongamos que ofrecemos dos botellas de vino a un panel de clientes: una botella relativamente cara tiene un precio de 50 dólares; otra en cambio parece menos cara, con un precio de 10 dólares.

La pregunta es: ¿cómo conseguir pilotar la elección del consumidor, aumentando enormemente las compras de vino sin bajar los precios ni hacer ofertas promocionales?

La respuesta es: utilizando el efecto de equilibrio.

El efecto de equilibrio sugiere que es más probable que se elija un producto de un grupo cuando sus atributos no están situados en los extremos de la gama de elección: en este caso el mejor vino con el precio más alto o el que tiene el precio más bajo.

El efecto de equilibrio es de conjunción (de hecho, todo lo que hay que hacer es cambiar la «o» por una «y» más inclusiva y, sobre todo, que facilite la compra).

Bastará con introducir una tercera oferta: por ejemplo, una botella a 30 dólares, y de este modo se fomentará un mayor volumen de negocio que aporte mayores beneficios.

Aunque siempre hay clientes que son más sensibles al precio y se decantarán por el vino de 10 dólares, y clientes orientados a productos más prestigiosos que elegirán el de 50 dólares, la mayoría de los clientes agradecerán encontrar una botella a 30 dólares, y optarán por la opción intermedia: la que se percibe psicológicamente como el «equilibrio adecuado» entre precio y calidad.

5. Utilizar el precio como indicador de calidad

Delvaux, fabricante de bolsos de alta gama, ha logrado obtener una imagen comparable a la de Louis Vuitton, gracias precisamente a un fuerte aumento de sus precios.

Lo mismo ocurre con los fabricantes de whisky Chivas Regal, que han creado una etiqueta elegante y han aumentado sus precios en un 20 %.

En ambos casos se obtuvo un aumento considerable de las ventas, mientras que los beneficios crecieron de forma desproporcionada. Esto se debe a que el precio es un indicador de la calidad de un producto o servicio: los precios altos son sinónimo de alta calidad, mientras que los precios bajos son sinónimo de baja calidad.

Son principalmente los clientes que no están muy familiarizados con un producto los que son fácilmente influenciables.

Las personas que desconocen la calidad y el precio de un producto buscan un parámetro que les sirva de guía: así, asocian los precios elevados con las mejores prestaciones. Esta tendencia ha sido confirmada por un estudio sobre algunos productos médicos. [6]

Los aumentos de precio considerables sin las correspondientes mejoras en el rendimiento o en el valor percibido son, sin embargo, arriesgados e inadvertidos. La fijación de precios es un indicador importante y debe utilizarse correctamente: en caso de duda, siempre es mejor fijar los precios al alza; bajar el precio cuando se parte de una percepción de alta calidad es siempre más sencillo que subir el precio cuando se parte de una percepción de baja relación calidad-precio.

6. Crear escasez para fomentar las ventas

La compra impulsiva se consigue mediante la escasez creada artificialmente.

Un experimento realizado en un supermercado estadounidense de Sioux City lo confirma: La sopa Campbell's —la marca inmortalizada por Andy Warhol, que en 1962 produjo 32 lienzos de polímero, cada uno con 32 latas de sopa simétricamente dispuestas, que consistían en todas las recetas que había entonces en el mercado— se ofrecía con descuento. En algunos días, en Sioux City, un cartel anunciaba: «Máximo 12 sopas por persona». Otros días, el mismo cartel decía, en cambio: «Sin límite por persona». El resultado era que cuando se establecía el límite, los clientes compraban una media de siete sopas: el doble de lo que se compraba en los días sin racionamiento.

Ahora imaginemos que estamos en una tienda de ropa. Tenemos suerte; nuestros vaqueros favoritos están disponibles y la semana que viene estarán rebajados un 10 %. Pero, mientras buscamos la talla adecuada, nos encontramos con un elemento inquietante: solo hay disponibles dos pares de la talla correcta. ¿Qué debemos hacer entonces? La misma pregunta de siempre: ¿comprar ahora para asegurar la compra o esperar a la semana que viene para aprovechar la rebaja del 10 % pero con el riesgo de no encontrar la talla adecuada?

En un estudio las variables utilizadas en este escenario fueron los diferentes grados de escasez: alta (solo 2 pares disponibles) o baja (10 pares disponibles) y los descuentos futuros (bajo: 10 %, moderado: 25 % y alto: 50 %).[7]

La disposición a comprar inmediatamente aumentó un 34 % cuando había un alto grado de escasez. Además, un descuento futuro bajo aumentaba la probabilidad de una compra inmediata a precio completo. Lo mismo ocurría en una situación de escasez con grandes descuentos.

Así, la combinación de escasez con descuentos futuros favorece las ventas futuras.

Experimentos como este demuestran lo influenciables que son los seres humanos.

El hecho de que el sitio web de Amazon indique, por ejemplo, que «quedan solo 2 en stock» de varios bestsellers no tiene nada que ver con el servicio que se presta, que debería ser el único factor de discriminación para un negocio de comercio electrónico.

Varios estudios confirman que los clientes juzgan los productos de forma casual o arbitraria: a veces basándose en un estímulo visual, como un precio con una cruz al lado de un precio más bajo o, como en el caso anterior, cuando se reduce la cantidad disponible para generar una compra impulsiva. Personas que tienden a comportarse de forma inteligente en la vida cotidiana pueden comprar cantidades de un producto escaso o con descuento sin comprobar si la oferta es realmente una ganga.

7. Utilizar un sentimiento de triunfo para romper las barreras de compra

Los clientes no suelen darse cuenta de hasta qué punto son manipulados por los trucos de los vendedores. Esto se debe a una serie de procesos inconscientes que existen en el cerebro humano.

Académicos como el premio Nobel de Economía Daniel Kahneman lo confirman: la reacción emocional a la pérdida —el pago de un precio— puede ser mucho más fuerte que la reacción a un triunfo, por ejemplo la alegría de poseer un coche nuevo.

Esta asimetría emocional es el núcleo de la teoría, que explica ciertas estructuras de precios que de otro modo parecerían absurdas.

El popular *cash back* por la compra de un automóvil en Estados Unidos es uno de estos ejemplos: si compras un coche de 30.000 dólares, al mismo tiempo recibes un reintegro en efectivo de 2.000 dólares.

Según esta teoría, el comprador está sufriendo una pérdida (está gastando 30.000 dólares en el automóvil) y, sin embargo, experimentará el triunfo de recibir efectivo, aun con más fuerza que el hecho de tener la propiedad de un coche nuevo.

Si el cliente, que generalmente paga por transferencia bancaria, recibe 2.000 dólares de efectivo en billetes, ese dinero se pone directamente en sus manos en el momento del pago. La sensación de haber conseguido algo parece incluso superior al precio pagado.

Reflexionando, esto es banal y le puede pasar a cualquiera: te dan 2 mientras tú pagas 30, y sin embargo parece que te han dado 2 (no que hayas pagado 28). ¡Qué clase de animal más raro es el ser humano!

Aunque esta teoría pueda parecer extraña, está más que contrastada por los hechos. Si no fuera así, ¿cómo sería posible encontrar en los precios de lista tantos precios elevados que nadie paga realmente?

Sería más racional ofrecer un producto a 75 dólares en lugar de ponerle un precio de 100 dólares y permitir un descuento de 25 dólares. Sin embargo, en la mente de muchos clientes, obtener un descuento genera una sensación de victoria. Por ello, algunas empresas aumentan considerablemente los precios de sus listas para ofrecer luego rebajas constantes; es decir, venden a sus clientes la ganga o el descuento.

Es la sensación de «triunfar» la que guía la compra, nada más: es la sensación de conseguir una bajada del precio.

8. Optimizar el descuento relativo frente al descuento absoluto

Si vendo un producto y decido aplicar un descuento de 85 a 70 dólares, ¿cuál es la mejor manera de indicar la rebaja: como una reducción de precio de 15 dólares o como un 18 %?

Numerosos estudios indican que los clientes reaccionan de forma diferente cuando la misma rebaja en términos absolutos se muestra como referida a un precio diferente. [8]

Esto se demuestra con el siguiente experimento: [9] un cliente compra una chaqueta por 125 dólares y una calculadora por 15 dólares.

El vendedor de la calculadora informa inmediatamente al cliente de que el último modelo puede encontrarse en oferta a solo 10 dólares en un punto de venta de la misma cadena, a 20 minutos en coche. Con una rebaja del 33 % —es decir, 5 dólares/15 dólares—, hasta el 68 % de los clientes están dispuestos a subirse a su coche y marcharse para obtener el descuento.

Pero cuando el vendedor de la chaqueta informa al cliente, de la misma manera, que la misma e idéntica chaqueta se puede encontrar a solo 120 dólares en otra tienda de la misma cadena en la que están ahora, a 20 minutos en coche, solo el 29 % de los clientes están dispuestos a subirse al coche por una rebaja del 4 %, es decir, 5 dólares/125 dólares.

Por lo tanto, es preferible expresar los descuentos en productos vendidos a precios bajos en términos relativos, es decir, mediante un porcentaje, mientras que se ha demostrado que los clientes prefieren los descuentos en términos absolutos para los productos vendidos a precios percibidos como altos.

Si el precio de la lista es superior a 100 dólares, es mejor aplicar un descuento absoluto en lugar de un porcentaje.

Los descuentos deben utilizarse con precaución en productos de alta calidad. Los descuentos en productos de alta calidad en los que los compradores no esperan encontrar competencia basada en el precio (paradójicamente) hacen que la atención del cliente se dirija precisamente al precio como criterio de compra.

En cambio, cuando los clientes atribuyen más valor al precio como criterio, los productos con precios más bajos se convierten de repente en alternativas aceptables, a pesar de su menor calidad.

Por extensión, los descuentos en productos de alta calidad han impulsado a los clientes hacia ofertas de menor calidad, mientras que nunca ha ocurrido lo contrario. [10]

9. Influir en la percepción del precio mediante el diseño visual

«También tiene que ser bonito», dicen en el mundo del arte, y esto se aplica también a la fijación de precios.

Elementos como el tamaño de las letras, el color y las ofertas especiales influyen en la percepción del precio.

Una forma típica de gestionar las promociones es hacer que el precio más bajo llame la atención inmediatamente, por ejemplo, utilizando letras más grandes en comparación con el precio inicial. Pero no es el enfoque más recomendable. Esto se debe a que, desde un punto de vista psicológico, es más fácil asociar los precios más bajos a los números en letra más pequeña, en comparación con los precios más altos en letra más grande. [11] Algunos análisis específicos indican que cuando el precio más bajo se presenta en letras más pequeñas que el precio normal, la percepción que queda es la de una ganga, lo que tiene el efecto secundario positivo de aumentar la intención de compra del cliente. [12]

También el color puede atraer a los compradores. Por ejemplo, se ha demostrado que si eres hombre y los precios aparecen en rojo, hay una alta probabilidad de que lo asocies con una mejor ganga.

En general, las personas siguen dos caminos a la hora de procesar la información y tomar decisiones: un enfoque sistemático o uno heurístico. [13] En el enfoque sistemático, las decisiones se basan en una evaluación cuidadosa y se toman con plena conciencia. Cuando se aplican reglas generales y se siguen hipótesis plausibles, nos encontramos en el contexto de las decisiones heurísticas. Las primeras requieren un mayor esfuerzo cognitivo, mientras que las segundas son un atajo mental. [14]

Por último, la elección del mejor camino a seguir a la hora de tomar una decisión depende del grado de implicación que tengamos. Algunos estudios demuestran, por ejemplo, que las personas están menos implicadas cuando procesan la información procedente de la publicidad utilizando indicaciones típicamente heurísticas. [15]

En el estudio examinado aquí, se presentaron a los participantes anuncios de tostadoras y hornos microondas. En términos de rastreo semántico, el texto estaba escrito en negro mientras que los precios se destacaban en rojo. El resultado fue el siguiente: resumiendo drásticamente, si los precios se mostraban en rojo, los hombres percibían una mejor ganga.

En este estudio específico sobre el consumidor masculino, se asociaron en todo caso mayores emociones positivas con los precios rojos en comparación con los mismos precios en negro. No obstante, en cuanto se pasaba a decisiones más importantes, el efecto del rojo desaparecía.

El público femenino, en cambio, resultó ser inmune a cualquier influencia del color en los precios: no se registraron, en pruebas similares, diferencias de percepción cuando el color variaba.

Y, si se dijera toda la verdad, cuando hay rebajas, ¿cuántas personas se preguntan si sus compras son realmente gangas?

Se ha demostrado que la mera indicación de un precio reducido, por ejemplo mediante una etiqueta con las palabras «en oferta», aumenta las ventas. [16]

Por lo tanto, ofrecer una combinación de promociones con descuentos insignificantes asociados a la venta de productos con grandes descuentos aumenta la rentabilidad. [17]

Resumen

La fijación de precios basada en el comportamiento puede marcar la diferencia: además de las decisiones racionales, existen numerosos factores irracionales que determinan el comportamiento de compra. Estos factores se aplican tanto en el contexto B2C como en el B2B.

En la práctica de la fijación de precios basada en el comportamiento nos encontramos con algunas reglas básicas que ayudan a las empresas a rentabilizar el valor entregado a los clientes a los que se dirige, como las siguientes:

1. Contextualizar el valor con un «precio ancla».
2. Derribar la resistencia a la compra mediante el modelo de impresora/cartucho.
3. Aprovechar la máxima disposición a pagar mediante el uso de «umbral de precios».
4. Facilitar la elección de los clientes mediante el efecto de equilibrio.
5. Utilizar el precio como indicador de calidad.

6. Crear escasez para fomentar las ventas.
7. Utilizar la sensación de triunfar para romper las barreras de la compra.
8. Optimización del descuento relativo frente al descuento absoluto.
9. Influir en la percepción del precio mediante el diseño visual.

Las nueve tácticas sugeridas ofrecen algunas inspiraciones prácticas a tener en cuenta a la hora de vender y comprar, pero, obviamente, antes de aplicarlas siempre es conveniente comprobar y esperar no caer en las diabólicas tácticas de vendedores como Matt y Harry.

6

PRECIOS DINÁMICOS

«Queremos que la oferta esté siempre disponible y el precio se utiliza (básicamente) para reducir o aumentar la oferta... es un clásico en economía»

Travis Kalanick, consejero delegado y cofundador de Uber [1]

Análisis de caso

La pandemia. Los incendios forestales. La guerra en Ucrania. Quizás ya no queramos decir o escribir nada.

Tal vez sea cierto que el planeta tal y como lo conocemos ya no existe (ni existirá).

Sin embargo, hay una parte de nosotros, y no tan pequeña, que no quiere rendirse y someterse a la derrota.

Tal vez.

Cuando se acabe el coronavirus, porque todo se acaba tarde o temprano; cuando las fronteras vuelvan a estar abiertas, libres de los que quieren construir muros en lugar de puentes; cuando podamos volver a viajar, a vagar por el mundo, a un concierto para clave de Johann Sebastian Bach o a la ruta Milán-Tel Aviv sin pensarlo demasiado, querrá decir que el significado que tenemos en mente para la palabra «mundo» volverá a ser realidad.

Un mundo de movilidad e intercambios rápidos donde es posible actuar.

Otra idea de viajar, una nueva idea de futuro y de disfrute de los lugares, ya sea por trabajo o por vacaciones.

Y cuando volvamos allí, en el fondo la humanidad siempre es la misma, y nos encontraremos (también) con las viejas preguntas, como diría Shakespeare; hasta ayer, por ejemplo, reservar unas vacaciones de verano justo antes de partir, podía ser, si no una pesadilla, al menos una experiencia muy cara.

Para un vuelo a los destinos más populares del verano el precio podría/puede más que triplicarse en la temporada alta, ya que las compañías aéreas suben sus precios a medida que se acerca la temporada de calor, diversión, ocio y demás, porque todos sabemos lo que busca todo el mundo en verano. Al menos lo que se puede expresar en voz alta…

Y así, si la demanda crece por motivos estacionales, las aerolíneas, los hoteles y los operadores turísticos aprovechan la mayor disposición a pagar de los clientes o, como diría Robert Crandall, antiguo director general de American Airlines: «Si tengo 2.000 clientes en una ruta y 400 precios, es evidente que me faltan 1.600».[2] Lo que Crandall quiere decir es que lo mejor en este caso sería tener 2.000 precios (cambiando así el concepto de precio fijo a un precio dirigido y personalizado, capaz de corresponder a las demandas específicas de cada usuario: aplicando un precio alto en el caso del usuario de negocios que hace un movimiento el día anterior, por ejemplo, y en el caso del usuario que reserva con un año de antelación, ofreciéndole el mejor precio posible).

Fenómeno esporádico en el mundo analógico, el sistema de precios adaptativos despegó gracias a la llegada de internet y las nuevas tecnologías; los que compran en Amazon o eBay tienen que contar con un cambio de precios diario o incluso cada hora.

En Amazon los precios cambian de media cada 10 minutos, es decir, 144 veces al día.[3] En el espacio de unas pocas horas, un mismo precio puede variar hasta un 240 %. [4] Y así, por ejemplo, Amazon sube los precios por la noche o los fines de semana, cuando la gente tiene más tiempo para dedicarse a comprar y la demanda aumenta. [5]

Esta es la esencia de los precios dinámicos: el precio de venta de un producto se adapta a las contingencias del mercado: si la demanda de una cámara aumenta, también lo hace el precio, ya que habrá una mayor demanda y, por lo tanto, el cliente estará más dispuesto a gastar dinero para hacerse con uno de los pocos artículos que quedan; si, por el contrario, la demanda baja, también lo hará el precio, precisamente para incentivar la demanda de ese producto, que hasta entonces no había avanzado en las necesidades/deseos del cliente (en ambos casos impulsando los beneficios de Amazon en un 25 %). [6]

El coste del combustible en una gasolinera también cambia a lo largo del día, a veces incluso mientras se reposta; este es otro ejemplo de fijación de precios dinámica, también conocida como «gestión dinámica de precios». Detrás de todo esto se esconde un concepto tan antiguo como el propio comercio: los precios dinámicos o flexibles y versátiles/adaptables según la situación del mercado contribuyen a controlar las ventas de productos y servicios.

Lo que cambiará cada vez más en el futuro, gracias a las nuevas tecnologías, es la frecuencia de los cambios y la cantidad de productos ofrecidos.

Uno de los casos más famosos de cómo una empresa innovadora puede conseguir dar un vuelco a todo un sector utilizando la forma adecuada de fijación de precios —precios dinámicos en este caso— es Uber.

Antes de convertirse en uno de los principales actores del sector de la movilidad, la dirección de Uber descubrió una verdad fundamental: la flexibilidad de la ley que rige cualquier tipo de desplazamiento de A a B es particularmente alta. Pero —y la intuición dinámica está aquí— esto no solo es cierto en el lado de la demanda, es decir, desde el punto de vista del usuario, sino que, Uber se dio cuenta, también es cierto en el lado de la oferta, es decir, de los conductores.

El problema a resolver en la gestión de los picos de demanda tras un evento deportivo, un festival de música, o un sábado por la noche, cuando la demanda de traslados era (pero hemos dicho que volvemos a los conciertos en directo, y así...) es tan alta que faltan vehículos, ¡el problema es encontrar más conductores!

Desde este punto de vista, la solución de los responsables de Uber fue realmente inteligente: crearon un nuevo modelo de precios: el *surge pricing*.

¿En qué consiste? Veamos los aspectos principales.

Se trata de una forma de tarificación dinámica que dispara los precios cuando hay un exceso de demanda, gracias a que esta se controla en tiempo real. El aumento de precios tiene así un doble efecto totalmente intencionado.[7] Por un lado, atrae a un mayor número de conductores que, con precios más bajos, no habrían acudido. Por otro, hace bajar la demanda, equilibrándola con la oferta, para que los precios vuelvan a estabilizarse.

De este modo, Uber creó una plataforma capaz de conciliar la demanda y la oferta; no se impone ninguna obligación en cuanto al momento en que los conductores ofrecen sus servicios, ni se programan franjas horarias en las que deben estar disponibles, ni mucho menos turnos. Eso es muy normal en el caso de una cooperativa de taxistas; en el caso de Uber, sin embargo, todo está regulado por los precios: a través de la plataforma tecnológica se gestionan millones de viajes al día sin dar instrucciones a los conductores, que deciden de forma autónoma cómo realizar sus desplazamientos en función de la tarificación dinámica.

Es decir, la oferta no está controlada directamente por Uber, sino por los numerosos conductores independientes.

Al final son los clientes de Uber los que deciden si aceptan o no el precio ofrecido que, en casos extremos, puede ser incluso nueve veces superior al normal.

La alternativa, en cualquier caso, habría sido mantener un precio más bajo que no se correspondería con una oferta adecuada (provocando así la ira de los clientes dispuestos a pagar más para tener un servicio fiable con conductores disponibles).

De todos modos, el *surge pricing* ha sido objeto de mucha controversia.

Si demasiados clientes rechazan precios más altos muchas veces en comparación con lo normal, Uber interviene rápidamente para reajustar el precio.

En pocas palabras, el objetivo principal de esta tarificación dinámica es garantizar una disponibilidad suficiente de conductores, incluso en los momentos de mayor demanda: la mayor parte del precio más alto acaba en el bolsillo de los conductores. Solo así se puede obtener una oferta adecuada a la demanda los 365 días del año, incluso cuando escasean otros medios de transporte, por huelgas de última hora o por motivos atmosféricos, como el granizo o la nieve. La otra cara de la moneda de la tarificación dinámica es la tendencia a la baja de los precios.

Si los conductores son sensibles al precio, no cabe duda de que los pasajeros también lo son.

Nueva York.

Una gaviota sacude el agua de sus plumas.

Un camarero prepara café en una cafetería.

Las páginas de un cuaderno revolotean al viento.

El metro traga y escupe a empleados y directivos, los jóvenes cruzan el paso de peatones.

Corten.

Uno de los inventores de Uber conduce durante la noche.

Las imágenes vuelven a pasar: clientes en un restaurante, comiendo tartar en mesas iluminadas por velas, los disc-jockeys están tocando música de fondo que no podemos escuchar del todo pero que imaginamos fácilmente.

El viernes, el sábado, el domingo, el fin de semana, el tiempo se precipita por debajo de nuestras vidas.

El hombre al volante nos habla de la sencillez de pasar de los famosos puntos A a B.

Otra vez Nueva York.

Las chicas levantan la mano, los taxis no paran.

Hombres de traje y corbata, con coche negro, explican que el problema del transporte existe en todas las ciudades del mundo.

Rascacielos, Puente de Brooklyn.

El eslogan inicial de Uber, «El conductor privado de todos», tenía un objetivo preciso. Eficiencia, confort, comodidad. Y el tiempo de inactividad de los conductores, cuando están sin pasajeros, esperando el siguiente viaje, mientras hay mucha gente que puede necesitarlos. ¿Cómo se pueden conciliar estas dos necesidades opuestas y complementarias?

La idea en la que se basaba toda la empresa era precisamente la de ofrecer viajes baratos, seguros y siempre disponibles a través de una experiencia de compra extraordinaria: utilizando la app, sabes exactamente cuándo vendrá el conductor a recogerte, puedes ver dónde y cómo va el conductor y además sabes de antemano exactamente cuánto vas a pagar y la transacción puede hacerse fácil y rápidamente con tarjeta de crédito.

Al utilizar los precios dinámicos en sentido contrario al de los precios de alta demanda (*surge pricing*) —en la práctica, ofreciendo un precio de penetración—, Uber consiguió aumentar el tiempo medio de funcionamiento de sus vehículos, generando también una demanda de algunos segmentos de pasajeros que, a un precio más elevado, habrían preferido tener o alquilar un coche o utilizar el transporte público, en lugar de desplazarse en *pedibus calcantibus*.

La dirección de la empresa va más allá: ¿por qué no centrarse en aumentar el uso de los vehículos de los conductores al 100 %, consiguiendo así lo que el CEO, Travis Kalanick, llama el «viaje perpetuo»,[8] es decir, tener al menos un pasajero durante todo el turno?

Esto significa, por un lado, optimizar los trayectos para que un pasajero comience su viaje en cuanto el anterior llegue a su destino. Por otro lado, significa incluso animar a los clientes a vender sus propios coches, en propiedad pero sin usar (durante una media del 95 % del tiempo), para sustituirlos y establecer Uber como el principal medio de transporte.

Un primer paso en esta dirección es *UberPool*, una oferta dirigida a quienes se mueven en la misma dirección o planean rutas similares.[9]

Una oferta interesante se refiere a todos aquellos que tienen que llegar al aeropuerto periférico de Heathrow desde el centro de Londres o, incluso, en otra parte del mundo, a los turistas que quieren llegar desde la Ciudad del Vaticano a los antiguos restos romanos de Ostia Antica, que están igual de lejos del centro.

En ambos casos, los vehículos se llenan mejor y aumenta su índice de uso. Además, y lo que es más importante, el precio puede reducirse, por lo que resulta proporcionalmente más económico.

Así, Uber no solo resulta más ventajoso que un coche propio o alquilado, sino que también compite con el transporte público.

Desde su tímido debut en las calles de San Francisco, Uber ha crecido hasta estar presente en 50 países, convirtiéndose en el principal nuevo actor del transporte, valorado muy por encima de gigantes como General Motors[10] y el factor crítico de este éxito ha sido la fijación de precios dinámicos, examinada con más detalle en la siguiente sección.

Análisis del contexto

Orígenes y desarrollo

La fijación dinámica de precios tiene y tendrá cada vez más una importancia fundamental para las empresas y en los sectores más diversos.

Incluso la gran distribución, que hasta hace poco exhibía precios fijos en los estantes, está introduciendo pantallas electrónicas que permiten cambiar los precios en el punto de venta varias veces al día.

MediaWorld, una de las principales cadenas de distribución europeas que no se dedican a la alimentación, ha pasado así a la gestión dinámica de los precios no solo en sus canales online sino también en los offline (sus puntos de venta), indicando siempre el mejor precio a sus clientes.

La gestión dinámica de los precios es un fenómeno antiguo, mientras que los precios fijos son relativamente nuevos: no aparecieron hasta hace «poco» y antes de 1870 era bastante normal no mostrar los precios, sino variarlos dinámicamente, de modo que cada precio se negociaba individualmente.

Los cuáqueros fueron de los primeros en considerar inmoral que distintos clientes pagaran precios diferentes, por lo que empezaron a poner etiquetas reales en los artículos y a eliminar el regateo. Así, grandes tiendas como Wanamaker's en Filadelfia y Macy's en Nueva York introdujeron precios fijos. Esto permitió reducir el tiempo de formación de los vendedores, que ya no estaban obligados a conocer los precios de los artículos ni mejorar el arte del regateo y el mercado, y permitió atender a más clientes y hacer más eficientes las ventas. Incluso los grandes almacenes mantenían la mercancía detrás de un mostrador y pedían a los vendedores que fueran a buscar los artículos para un cliente en cada venta individual. Esto implicaba un tiempo de inactividad que hoy no podemos permitirnos.

La cadena de tiendas de alimentación Piggly Wiggly fue la primera en pasar al autoservicio en 1916, lo que confirmó aún más la necesidad de las etiquetas. Las etiquetas de precios pronto se convirtieron en una forma habitual de exponer los productos en venta en los comercios occidentales y el regateo se fue limitando a los vendedores de productos de segunda mano.

Y así, la gestión dinámica de los precios se fue durmiendo lentamente durante más de 100 años.

El despertar de los precios dinámicos se produjo en los Estados Unidos de América en la década de 1980 con la liberalización de los precios de las aerolíneas de pasajeros, que hasta entonces estaban regulados por el gobierno.

A partir de entonces, las compañías aéreas volvieron a gestionar el factor de beneficio más importante: la fijación de precios.

La liberalización fomentó la aparición de empresas de bajo coste, contribuyendo al crecimiento de todo el sector y atrayendo a clientes sensibles a los precios, que de otro modo habrían utilizado otros medios de transporte como el tren o el automóvil para desplazarse.

Por lo tanto, es evidente que en este sector la elasticidad de la demanda con respecto al precio es un factor decisivo, sobre todo en el segmento inferior del mercado, y es un factor que posibilita amplios márgenes de crecimiento.

Prueba de ello es People Express Airlines, fundada en 1981, que en 1984 alcanzó la cifra de mil millones de dólares ofreciendo precios un 50 % más bajos que los de las compañías aéreas tradicionales, obteniendo además un nuevo récord para la época en cuanto a beneficios: 60 millones de dólares, un récord absoluto para esta empresa, cuyo destino retomaremos más adelante.

Mientras tanto, las aerolíneas tradicionales, como American Airlines, perdieron en el mismo periodo —o mejor dicho, a partir de ese momento— un número considerable de pasajeros (sensibles al precio) que emigraron hacia las compañías de bajo coste. Se hizo evidente la necesidad de poner en práctica nuevas estrategias comerciales para recuperar a los clientes perdidos.

Dado el coste significativamente limitado de las compañías de bajo coste, las empresas tradicionales sabían que se enfrentaban a un trágico dilema: mientras que a ese nivel de precios las empresas como PeopleExpress trabajaban con márgenes de beneficio positivos, para ellas una carrera hacia precios más bajos habría supuesto grandes pérdidas. Para aplicar esta nueva estrategia, American Airlines tuvo que enfrentarse a dos retos: establecer el número de asientos que debía asignar a la clase económica en comparación con la clase business y evitar el efecto de canibalización, es decir, el uso de asientos de bajo coste por parte de viajeros dispuestos a pagar precios más altos.

La introducción de tarifas «superahorro» y de fórmulas caracterizadas por unas pocas restricciones (como la compra 30 días antes de viajar, una estancia de al menos 7 días y la ausencia de reembolso), combinadas con un cupo de billetes de bajo coste totalmente fijado por vuelo, permitieron proponer una alternativa válida a PeopleExpress y, al mismo tiempo, no comprometer el segmento de viajeros de negocios (mucho más rentable).

Fue el entonces jefe de marketing de American Airlines, Robert Crandall, posteriormente ascendido a consejero delegado de la compañía, quien identificó por primera vez la salida a este reto. Crandall se dio cuenta de que su empresa vendía asientos con un margen de costes nulo, porque la mayoría de los costes de un vuelo son fijos: por ejemplo, los salarios de los pilotos y auxiliares de vuelo, la amortización, el combustible, etc.

Esta nueva lógica permitió a American Airlines competir con las aerolíneas de bajo coste ofreciendo, por ejemplo, algunos de los asientos no ocupados por viajeros de negocios a sus precios cuando estos no los ocupan, caracterizados por billetes comprados con poca antelación y mayor disposición a pagar.

Con el desarrollo de DINAMO (acrónimo de *Dynamic Inventory Allocation and Maintenance Optimize*r) American Airlines resolvió los problemas de asignación de capacidad a las distintas clases de oferta por ruta y vuelo. Además, este sistema, que entró en funcionamiento en 1985, representa uno de los primeros sistemas de precios dinámicos reales en el ámbito empresarial, también conocido como *revenue* o *yield management*.

De hecho, DINAMO permitió una competencia agresiva, combinada con la posibilidad de modificar rápidamente las ofertas en vuelos específicos.

En todas las rutas atendidas por American Airlines y las compañías de bajo coste se desató una auténtica guerra de precios. En particular, el golpe que DINAMO asestó a PeopleExpress resultó mortal: en 1986, solo un año después de la introducción del AA Optimizer, PeopleExpress quebró y fue comprada por Continental Airlines.

El director general de PeopleExpress en ese momento, Doland Burr, explicó las causas de la quiebra de la siguiente manera:

De 1981 a 1985 fuimos una empresa dinámica y rentable, que luego pasó a perder 50 millones de dólares al mes. Seguía siendo la misma empresa. Lo que cambió fue la capacidad de American Airlines para aplicar la gestión de ingresos en cada uno de nuestros mercados. Generamos beneficios hasta que American Airlines introdujo la tarifa «Super Saver», que marcó abruptamente el final de nuestra carrera, porque les dio la posibilidad, a su discreción, de ofrecer precios más bajos que los nuestros. No podemos negar que PeopleExpress quebró [...] No obstante, tomamos una serie de buenas decisiones. En lo que nos equivocamos fue en descuidar los precios dinámicos. Si pudiera volver a empezar, mi primera prioridad sería tener el mejor sistema de apoyo tecnológico posible. Para mí, esto es lo decisivo para producir ingresos para una compañía aérea: más que su servicio, más que sus aviones e incluso que sus rutas.[11]

Principales formas de precios dinámicos

Pueden distinguirse tres formas principales de fijación dinámica de precios: (1) temporal; (2) basada en el cliente, y (3) basada en el canal de ventas.

1. La fijación de precios *dinámica temporal* se considera un tipo de fijación de precios «lo tomas o lo dejas», en el que el vendedor modifica el precio a medida que pasa el tiempo, en función de factores como la tendencia de las ventas, la evolución

de la demanda y la disponibilidad de los productos demandados. En este caso, la tarificación dinámica coincide con la gestión de ingresos de las compañías aéreas: los precios varían para hacer coincidir la demanda con la oferta. Lo mismo se puede encontrar en el sector energético o en distribución de combustible. La tarificación dinámica basada en el tiempo se describe principalmente en términos de frecuencia y alcance. [12] La frecuencia se refiere al número (cuántas veces) de cambios de precios, que puede ser considerable. Amazon cambia todos sus precios 2,5 millones de veces al día, lo que significa que el coste de un producto medio cambiará aproximadamente cada 10 minutos. [13] Los cambios también pueden ser más frecuentes: el precio de un teléfono móvil cambió 297 veces en tres días en Amazon. [14] El rango describe la cantidad de cambios de precios individuales.

2. La segunda forma es la fijación *dinámica de precios basada en el cliente*, que recibe varios nombres: precios personalizados, [15] precios basados en el comportamiento, [16] precios dinámicos orientados [17] o incluso promociones segmentadas. [18] La idea básica de esta tarifa es explotar al máximo los diferentes grados de disposición a pagar de los clientes: al no saber exactamente cuánto están dispuestos a pagar sus clientes, las empresas recurren a elementos de información considerados indicadores correlacionados con la disposición a pagar. Por ejemplo, pueden utilizar datos demográficos o sobre el comportamiento de navegación, información sobre transacciones anteriores o, de nuevo, analizar datos sobre el recorrido del cliente, por ejemplo, si los clientes han llegado al sitio web a través de comparaciones de precios en línea. [19]

Por eso Uber, Lyft o Airbnb ofrecen incentivos para el registro y descuentos para los nuevos clientes; la personalización se basa en el estado del cliente, nuevo o ya adquirido. [20] El requisito básico es que los clientes puedan ser identificados. Mientras que en el mundo offline suele ser necesario que los clientes sean miembros de un programa de fidelización, en el mundo online pueden utilizarse otros datos. Además, se pueden distinguir dos formas principales de precios dinámicos basados en el cliente. Por un lado, las empresas pueden ofrecer diferentes precios básicos; por otro, pueden utilizar cupones personalizados.[21] Con ellos, los precios básicos permanecen constantes en la red. No obstante, algunos consumidores seleccionados[22] o grupos de clientes[23] reciben cupones de descuento que permiten calibrar los precios a su disposición a pagar.

3. Otra forma de fijación de precios dinámica se presenta para las empresas multicanal, es decir, las que tienen canales tanto offline como online. Estas empresas se encuentran ante un «dilema de precios multicanal»: a través de sus canales online, están especialmente expuestas a la presión de los precios de los minoristas de comercio electrónico puro. La propia estructura de costes de los canales offline —costes de alquileres y personal— les complica la vida, ya que produce una competencia interna entre los precios online, que suelen ser más bajos que los offline.

Por lo tanto, la idea de los precios dinámicos basados en el canal es diferenciar los precios offline de los online. Los precios que varían según el canal pueden parecer justificados por las diferentes funciones que ofrecen, por ejemplo: mientras que los canales online permiten ahorrar costes de desplazamiento y pueden ofrecer un surtido más amplio, los canales offline se distinguen por la posibilidad de ver y probar los productos. Otros ejemplos de prácticas empresariales sirven para ilustrar la dinámica de precios basada en los canales, como en el caso de la empresa de electrónica de consumo Conrad, que anunció un precio en las tiendas y otro más bajo en su sitio web;[24] del mismo modo, Lufthansa o Northwest Airlines Corp venden billetes de avión en línea, por teléfono y offline. Sin embargo, los cambios frecuentes de precio se realizan casi exclusivamente en su canal online;[25] los que compran offline disfrutan de la tranquilidad de un servicio que corresponde a sus expectativas, online en cambio implica un seguimiento más cuidadoso por parte del cliente pero también la oportunidad y la sensación de conseguir un precio más bajo.

Expansión e impacto

La gestión dinámica de los precios va en aumento, sobre todo en los negocios en línea. Sin embargo, con el paso del tiempo, también ha arraigado en el sector de los viajes aéreos, las vacaciones y los hoteles. Factores como la tasa de uso, la temporada, los horarios y la comparación con la competencia influyen en los precios. Incluso en las tiendas tradicionales, las habituales etiquetas de precios se sustituyen cada vez más por pantallas digitales en las estanterías, lo que permite una gestión más sencilla y una gran automatización.

Desde su introducción, la tarificación dinámica se ha utilizado en todo el sector del transporte aéreo y ha contribuido sustancialmente a los beneficios. La aplicación de la tarificación dinámica puede mejorar los ingresos y los beneficios hasta un 8 % y un 25 %, respectivamente.[26]

Junto con el sector B2C, se observa que un número creciente de empresas B2B están adoptando la fijación de precios dinámicos. Sobre el tema, se puede consultar el libro *Revenue Management in Manufacturing.*[27]

Factores de éxito

No siempre tiene sentido recurrir a los precios dinámicos y, de hecho, si se carece de las premisas necesarias, puede ser incluso perjudicial recurrir a esta herramienta.

La adopción de la tarificación dinámica es todo un viaje para cualquier organización: se necesita perseverancia y disposición para superar todos los obstáculos que inevitablemente se presentarán en el camino. Pero, si se prepara bien, se experimentará una increíble aceleración y, a partir de ahí, se podrán alcanzar con éxito los objetivos de la implantación.

En particular, sobre la base de los numerosos proyectos estudiados en los últimos años, podemos afirmar que surgen cuatro factores de éxito: los dos primeros se refieren a la solución y los dos segundos a la integración de esta solución en la empresa.

1. *Datos y tecnologías*: la primera premisa para establecer un modelo de precios dinámicos es la disponibilidad de datos e información. En algunos sectores se requiere un alto nivel de granularidad y ese es el caso del B2C, incluso en lo que respecta a clientes o transacciones individuales; en otros, como por ejemplo el de un mayorista de material eléctrico que vende a electricistas, puede bastar con utilizar datos relativos a un segmento con un canal de mercado. Lo que cuenta en ambos casos es la disponibilidad de una arquitectura informática preparada para soportar el nuevo modo de monetizar el valor proporcionado al cliente.

2. *Lógica de precios y herramientas de fijación de precios*: la lógica, es decir, la forma en que se fijan los precios en las empresas actualmente, es el punto de partida para evolucionar hacia la fijación de precios dinámicos. Esto puede variar mucho de una empresa a otra. En el contexto B2C, un minorista puede variar los precios en función de la fidelidad del cliente o por el día o la franja horaria de la compra, o por la cesta de la compra. En el contexto B2B podemos tratar con operadores telefónicos que basan el precio en parámetros como los precios de sus competidores, la duración de las llamadas o, por ejemplo, en los esquemas de uso de datos. Lo que será útil para cada empresa es el desarrollo

de una herramienta de precios dinámicos que comprenda la aplicación de lógicas y ecuaciones específicas capaces de desarrollar precios dinámicos.

3. *Proceso y gobierno de los precios dinámicos:* «Un tonto con una herramienta sigue siendo un tonto», dijo Grady Booch, el famoso ingeniero informático que durante años, muchos de ellos en IBM, ha trabajado en la dinámica de colaboración en entornos informáticos (fue el ponente de la conferencia Turing de 2007 titulada *La promesa, los límites y la belleza del software*); aunque esté centrado tanto en la lógica de la fijación de precios como en una potente herramienta analítica, el éxito de la fijación de precios dinámica viene determinado por la forma en que las personas de la empresa utilizan estas herramientas. ¡Es el trabajo en equipo lo que marca la diferencia en el juego! Las funciones de fijación de precios y de marketing proporcionan los impulsos para calibrar y mejorar constantemente el enfoque; las ventas aportan su conocimiento de los clientes y los mercados; la función informática, con su competencia técnica, ayuda a ajustar la potencia de la herramienta, y la función de control y finanzas supervisa los resultados, que luego se presentarán a los responsables de la empresa para obtener futuras directrices.

4. *Habilitación y competencias del equipo:* por último, pero no menos importante, están la habilitación y las competencias de los equipos. Las transformaciones más exitosas en materia de precios son aquellas en las que los responsables de la empresa, a menudo el director general, convocan a toda la organización para apoyar el nuevo modelo dinámico. El papel de la dirección es esencial para garantizar la cohesión de los equipos multidisciplinares.

Por último, un trabajo especial de habilitación y acción para inculcar una «cultura de apertura, prueba y aprendizaje» facilita mucho las cosas. A menudo, las empresas que han tenido éxito en este ámbito han partido de aplicaciones únicas —los llamados casos de uso—, ampliando posteriormente el perímetro tras haber probado y recogido experiencias que han contribuido a enriquecer las competencias del equipo.

Recursos para evitar precios no óptimos o excesivos

El avance tecnológico de los últimos años ha proporcionado bases sólidas para elevar los precios dinámicos a nuevos niveles.

Gracias a la difusión de información como los datos sobre las preferencias individuales, el comportamiento de compra, las características demográficas, los precios de la competencia, las formas de pago, etc., se pueden crear perfiles de clientes a partir de los datos demográficos y el historial de compras y calibrar debidamente todas las herramientas de marketing.

Sin embargo, esto no debe seguir siendo una palanca gestionada únicamente por los ordenadores: es necesario tener sentido común para evitar ofrecer precios que no sean óptimos o, en algunos casos, bastante inadecuados.

Volvamos a la empresa considerada un referente en la gestión dinámica de precios: Amazon. Aunque es capaz de cambiar 2,5 millones de precios al día, maximizar los beneficios y convertirse en una de las empresas más valiosas del mundo, no siempre ofrece precios óptimos.

Podríamos preguntarnos, por ejemplo, por qué Amazon vende un televisor Samsung primero a 296,99 dólares y luego a 293,07 dólares, si la fijación de precios psicológica —de la que hablamos en el capítulo 5— nos enseña que estos dos precios son percibidos de la misma manera por el cliente que 299,99 dólares, con lo que se desperdicia innecesariamente un margen de beneficio.

Otro caso llamativo es el del asombroso precio exigido por un libro sobre moscas:[28] la fijación dinámica de precios infló el precio de *The*

Making of a Fly a casi 24 millones de dólares, sin incluir la entrega, por supuesto (¡!), como se muestra en la figura 6.1.

¿Cómo se llegó a este precio astronómico? Es fácil de explicar.

Mediante la fijación de precios dinámica, que comparaba el precio del mismo libro vendidos por dos vendedores distintos. Una ecuación seguía fijando el precio del primer libro en 1,27059 veces el precio del segundo; por su parte, otro algoritmo fijaba automáticamente su precio en 0,9983 veces el precio del otro. Y así, en un loco baile de subidas histéricas de precios, los precios de los dos libros crecieron juntos hasta llegar a los millones, conservando sin embargo el segundo libro un precio ligeramente inferior al primero.

Un auténtico error de marketing que lleva a una conclusión: la gestión dinámica de los precios tiene un límite: es tan buena como las ecuaciones o algoritmos que la regulan.

Figura 6.1: Las peores prácticas de precios dinámicos: explosión de precios de un libro en Amazon

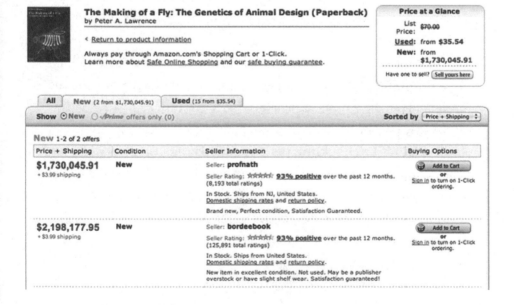

Resumen

La historia se repite, decía Karl Marx y *History Repeating* cantaban también los Propellerheads en la canción (con Shirley Bassey) del mismo nombre: la fijación de precios dinámicos fue la norma en el pasado, antes de la llegada de las etiquetas de precio fijo en 1870, resurgiendo después en el sector del transporte aéreo y extendiéndose a una amplia gama de industrias.

Sin embargo, el reciente renacimiento de los precios dinámicos no es un acontecimiento guiado principalmente por la capacidad de negociación que tiene lugar entre el vendedor y el cliente con un resultado imprevisible, sino un acontecimiento alimentado por los avances tecnológicos.

La proliferación de datos permite segmentar a los clientes en función de los grupos demográficos, el comportamiento de compra o los precios de la competencia, a la vez que se perfeccionan las herramientas de marketing —desde el público objetivo hasta los precios personalizados— que varían con el tiempo.

Esto vale tanto para el contexto B2C como para el B2B: puede aplicarse en ambos, pero no siempre tiene sentido introducirlo en todos los contextos y, por lo tanto, no debe ser «forzado».

En la práctica, se distinguen tres formas principales de fijación de precios dinámicos: temporal, basada en el cliente y basada en el canal de ventas. Los precios dinámicos se aplican en los sectores más diversos, tanto en las empresas de servicios (por ejemplo, turismo o alquiler de coches) como en las empresas manufactureras (por ejemplo, fabricantes de acero o productos químicos).

Una vez introducida, tiene un impacto considerable: la fijación de precios dinámica puede mejorar los ingresos hasta un 8 % y los beneficios hasta un 25 %.

Para tener una gestión dinámica de precios, la experiencia nos dice que hay esencialmente cuatro premisas: las dos primeras se refieren a la solución elegida, es decir, los datos y las tecnologías, la lógica de los precios y las herramientas de fijación de precios, mientras que las segundas tienen que ver con la integración de la solución en la empresa, es decir, el proceso y el gobierno de la tarificación dinámica y la formación y competencias del equipo.

En general, la advertencia habitual sigue siendo válida: la tarificación dinámica es una herramienta y debe gestionarse como tal. Las máquinas y las ecuaciones por sí solas no son suficientes: están al servicio de los seres humanos, que deben asegurarse de que los resultados tengan sentido (véase el libro de Amazon) y así generar precios óptimos. La historia —además de repetirse— se encargará del resto, de su propio curso y del de nuestra empresa.

7

PRECIOS BASADOS EN LA INTELIGENCIA ARTIFICIAL

«Una vida de androide es un sueño».

Philip K. Dick

Análisis de caso

Mac Harman intuyó la oportunidad de negocio justo después de graduarse en la Stanford Graduate School of Business: había observado que el árbol de Navidad falso de sus suegros no se parecía mucho a un árbol y fue entonces cuando se le ocurrió la idea.

Se fue a China, donde conoció a un productor de árboles y diseñó 16 modelos basados en una variedad de árboles de Navidad que tenían la forma de un «árbol de Navidad» real, como un abeto, por ejemplo.

En octubre de 2006, hizo enviar más de 5.000 árboles a Estados Unidos, donde abrió una tienda pop-up en un centro comercial de Stanford. El negocio fue muy bien.

Tras crear un sitio web, en el plazo de un mes ya había facturado 3 millones de dólares. Desde entonces, el bueno de Mac (y quizá sea realmente el nombre lo que crea el destino) ha ampliado su selección de árboles, algunos de los cuales se venden a más de 2.000 dólares, y ha añadido adornos, estrellas, guirnaldas y otros productos.

Balsam Brands —así se llama su empresa— tuvo éxito, a pesar de vender productos de temporada a precios muy superiores a los de sus competidores directos.

Desde entonces, la empresa fundada por Harman ha crecido aún más y hoy se enfrenta a nuevos retos en materia de precios.

El minorista californiano de lujosos árboles de Navidad artificiales y decoraciones de temporada —entre cuyas marcas se encuentra la popular Balsam Hill— ingresa más de 200 millones de dólares, y el 80 % de las ventas tiene lugar durante los tres últimos meses del año. Se trata de una asimetría empresarial y financiera de crucial importancia para la actividad de la compañía.

Para gestionar las ventas estacionales y, al mismo tiempo, proteger el margen de beneficios y hacer crecer los ingresos, Balsam Brands ha decidido introducir la inteligencia artificial (IA) en sus precios.

El algoritmo aprende autónomamente, genera recomendaciones, optimiza los precios en función de la demanda y supera así todos los retos que existían anteriormente, que incluían un proceso de reajuste de precios especialmente intenso, así como la falta de una herramienta global para gestionar los precios en función de las tendencias del mercado.

Utilizando una plataforma ERP personalizada, Balsam Brands ha automatizado la fijación de precios semanal, ajustando los precios según el plan de negocio y tomando decisiones basadas en los datos procesados.

Para hacer la mejor oferta a sus clientes, Balsam Brands tiene en cuenta una serie de factores de precio y más, como los análisis de la web y las tendencias del mercado, las últimas cifras de ventas, los baremos de precios, las limitaciones comerciales inteligentes y las reglas de redondeo de precios

Durante la temporada comercial 2020-21, el algoritmo de inteligencia artificial generó 24.000 recomendaciones sobre la optimización de los precios para el minorista.

Se basaron en sus datos transaccionales históricos, en las restricciones comerciales, en la arquitectura de los precios totales, en la disponibilidad del inventario y en otras informaciones esenciales. Como resultado, Balsam Brands redujo su tiempo de reajuste de precios en un 50 % y alcanzó sus objetivos comerciales preestablecidos, generando más de un 3,5 % de ingresos adicionales y un margen de beneficios superior al 3 %: «Mientras nuestro negocio crecía, era importante para nosotros basar nuestras decisiones de precios en las tendencias del mercado, en el análisis del sitio web y en otros datos cruciales que son difíciles de tener en cuenta simultáneamente para un gestor de precios», subrayó Joyce Lin, directora de negocios de comercio electrónico de Balsam Brands. «Los algoritmos inteligentes han hecho que nuestra gestión de precios sea eficiente, ayudando al equipo a ahorrar un 50 % del tiempo dedicado a las tareas rutinarias. La IA está revocando las estrategias y los procesos tradicionales de fijación de precios, por lo que no podemos esperar a extender esta tecnología a otras regiones».

La misma dirección tomó Orsay, una empresa textil presente en 34 países con 740 puntos de venta y 5.100 empleados [1]: «Hoy en día ya no tenemos que depender de los análisis manuales o de la coyuntura. La fijación de precios basada en la IA ha automatizado nuestras decisiones de precios más importantes. El algoritmo hace una recomendación y nosotros simplemente la aplicamos», esto resume el pensamiento del director de innovación de Orsay. [2]

Como minorista de moda rápida con organización vertical, Orsay gestiona toda la cadena de suministro, desde el diseño hasta la producción y la venta.

La empresa ofrece una gama detallada de productos, una amplia selección de estilos de moda y clásicos.

Como las tendencias de la moda cambian continuamente, Orsay tiene que gestionar el precio de sus productos durante todo su ciclo de vida: maximizar los beneficios y garantizar que las prendas se vendan antes de que queden obsoletas.

Brevemente, los objetivos de Orsay eran:

- aumentar los ingresos y los márgenes de beneficio utilizando menos rebajas;
- reducir los costes de inventario deshaciéndose de las existencias de forma más eficiente;
- mejorar la productividad del personal;
- aumentar la satisfacción del cliente haciendo que sus expectativas de producto coincidan con el precio.

Esto ha determinado una situación en la que: «En el primer año de uso exclusivo de la IA, nuestras rebajas se redujeron. El porcentaje de existencias por rebaja ha mejorado entre un 3 y un 40 %, desde un rango inicial del 40-50 %. Esto supone un porcentaje de rebajas inferior al 10 %, lo que aumenta nuestros márgenes de beneficio. Hoy somos capaces de vender nuestros productos cuando hay demanda. Aplicamos descuentos con menos frecuencia. Antes podíamos aplicar hasta tres o cuatro rebajas por artículo. Obviamente, cada una de ellas erosionaba nuestros márgenes de beneficio. Hoy aplicamos un máximo de dos o tres descuentos por artículo».

En Orsay, la IA también es capaz de reducir los residuos y obtener los mejores precios constantemente, guiada por los datos en cada fase del ciclo de vida del producto.

Teniendo en cuenta los datos actuales e históricos, el algoritmo determina el nivel adecuado de elasticidad del precio para cada prenda de Orsay.

Además, la solución tiene en cuenta factores complejos como los precios de los competidores, los efectos de la sustitución y la canibalización, al tiempo que toma automáticamente las decisiones de precios más rentables para Orsay.

La empresa internacional de moda Bonprix,[3] presente en más de 30 países y con 35 millones de clientes, también ha cambiado a la fijación de precios basada en la IA. Folke Thomas, responsable de la introducción de la IA en Bonprix, en una de sus entrevistas recordó el inicio del nuevo enfoque de precios: «Desde entonces, las variaciones de precios pueden aplicarse mediante el algoritmo de un día para otro, por ejemplo si hay necesidades a corto plazo en la gestión de los beneficios o las existencias». Ya no hay que discutir y alinear, con la participación de numerosas personas de la empresa, y luego aplicarlas manualmente.

Lo mismo ocurre en Orsay: en el pasado, el gestor de categorías dedicaba en promedio hasta el 80 % de su tiempo en ocuparse de las rebajas. Las máquinas han automatizado este aspecto y ahora el mismo artículo solo necesita un 20 %. En el tiempo que se ahorra, se puede dedicar más atención al contenido estratégico.

Análisis del contexto

La IA es la capacidad de una máquina para demostrar capacidades humanas como el razonamiento, el aprendizaje, la creatividad o la planificación. Es decir, sistemas informáticos capaces de realizar tareas que normalmente exigirían inteligencia humana, como la percepción visual, el reconocimiento de la voz, los procesos de toma de decisiones y la traducción de otros idiomas.

En la gestión de precios, la IA proviene de algoritmos capaces de identificar los precios o rebajas óptimos analizando los efectos de las políticas comerciales anteriores, por ejemplo, o considerando una serie de información adicional que permite aprender y calibrar los precios y los descuentos adecuados.

La fijación de precios basada en la IA significa, por tanto, el uso de métodos de IA como el aprendizaje automático y el aprendizaje profundo para imitar el comportamiento humano y tomar decisiones autónomas de fijación de precios que mejoren constantemente, utilizando métodos estadísticos y algoritmos avanzados (véase la figura 7.1 [4]).

Figura 7.1: Qué es la IA: definición y separación del aprendizaje automático y el aprendizaje profundo

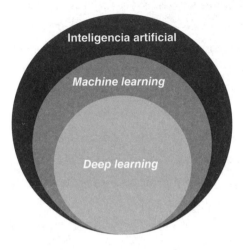

Inteligencia artificial

Técnica que permite a las máquinas imitar el comportamiento humano. Posibilidad de tomar decisiones autónomas

Machine learning (Aprendizaje automático)

Subconjunto de técnicas de IA que utiliza métodos estadísticos para que las máquinas mejoren con la experiencia

Deep learning (Aprendizaje profundo)

Subconjunto del aprendizaje automático que hace factible el cálculo del trabajo en redes de múltiples niveles

La tecnología del *machine learning* está contribuyendo a grandes cambios en el campo de los mejores precios, ya que es capaz de gestionar la fijación de precios a un nivel más rápido y con una eficacia mucho mayor. Por ejemplo, los algoritmos basados en el aprendizaje automático son capaces de analizar enormes cantidades de datos simultáneamente y tener en cuenta más variables de las que serían posibles sin la IA.

En el pasado, los gestores de precios tenían que determinar las reglas de gestión de precios manualmente. En cambio, los modelos de aprendizaje automático utilizan algoritmos que aprenden constantemente de forma automática a partir de sus resultados. Por tanto, las empresas pueden utilizar modelos de aprendizaje automático para fijar los precios o adaptarlos a lo largo del tiempo; además, pueden hacerlo de forma bastante independiente, con mucha precisión y con una fracción del esfuerzo.

Las herramientas de fijación de precios basadas en IA no solo están diseñadas para aprender, sino para mejorar con el tiempo en la búsqueda de los picos de mejores precios, ya que son capaces de distinguir un precio calibrado entre «demasiado económico» y «demasiado caro».

Además, las herramientas de fijación de precios basadas en la IA pueden tener en cuenta tanto los datos críticos internos como los externos que influyen en sus algoritmos. Esto, combinado con el hecho de que pueden computar enormes y diversas series de datos en comparación con las antiguas tecnologías, les permite ser extremadamente precisos en cuanto a los precios que establecen en relación con los datos influyentes.

Los factores evaluados por estos algoritmos incluyen:

- datos históricos de ventas y transacciones;
- cambios estacionales;
- condiciones meteorológicas;
- índices de precios de las materias primas;
- datos geográficos;
- eventos;
- niveles de inventario;
- características del producto;
- precios y promociones que ofrecen los competidores;
- datos de la relación con el cliente;
- campañas de marketing;
- críticas y artículos.

Con estos datos, las aplicaciones de precios basadas en la IA pueden calcular la elasticidad del precio, midiendo cómo fluctuará la demanda como resultado de los cambios en las condiciones. El software regula los precios en consecuencia.

Estas herramientas también pueden determinar los productos cuya demanda es lo suficientemente estable —lo que los hace aptos para optimizar los márgenes de beneficio— o aquellos que desempeñan un papel crítico en las ventas globales y, por tanto, deben ser regulados cuidadosamente.

Fases para el desarrollo de precios basados en la IA

¿Cómo funciona exactamente la creación de un algoritmo de IA para determinar los mejores precios?

Aunque pueda parecer complejo para algunos, en realidad los pasos para establecer un algoritmo de optimización de precios basado en el aprendizaje automático son sencillos. El proceso funciona como sigue:

1. Recogida y depuración de datos

Para desarrollar un modelo automático de aprendizaje automático, se necesitan varios tipos de datos.

En el contexto de los mejores precios, la base de datos podría ser algo así:

- *Datos transaccionales*: lista de productos vendidos a diferentes precios a diferentes clientes, tipos de descuento permitidos en la factura o no, primas y bonificaciones;
- *Descripción de los productos*: datos sobre cada producto catalogado (categoría, marca, talla, color, etc.);
- *Datos sobre el coste*: coste de suministro, coste de entrega, coste de las devoluciones, coste de comercialización;
- *Datos sobre la competencia*: los precios de los competidores para productos comparables, ya sea introducidos manualmente o derivados automáticamente, por ejemplo, mediante *webscraping*;
- *Datos de inventario y entrega*: datos sobre niveles de inventario, disponibilidad de productos, historial de precios.

No toda esta información es necesaria, ni estará disponible para todos los sectores o empresas. Por ejemplo, muchos minoristas no disponen de una serie limpia de datos históricos sobre precios. No obstante, la fijación de precios basada en el aprendizaje automático es capaz de extraer el máximo de intuiciones de los datos disponibles. En la mayoría de los casos, esto conduce a una mejora significativa del *statu quo* (por ejemplo, mayores beneficios). Además, las empresas son —con razón— muy cautelosas a la hora de utilizar los datos personales.

La buena noticia es que, para establecer los mejores precios a nivel de producto, no es necesario computar datos personales.

Por último, los datos recogidos deben limpiarse de errores y prepararse para su posterior elaboración.

Se trata de un paso exigente, ya que hay que reunir datos en varios formatos procedentes de distintas fuentes. Por lo tanto, la tarea debe ser llevada a cabo por expertos, científicos de datos, para garantizar que los datos se transformen correcta y completamente en un algoritmo.

2. Entrenamiento del algoritmo

El siguiente paso es «entrenar» el modelo de aprendizaje automático (*machine learning*). Al principio, el modelo analiza todas las variables y determina los posibles efectos de las variaciones de precios en las ventas. Al hacerlo, el modelo de aprendizaje automático detecta las correlaciones y los modelos que los analistas humanos pueden pasar fácilmente por alto. Estos se incorporan al algoritmo para calcular los mejores precios y constituyen la base de las previsiones de ventas y beneficios. Una vez creado, el modelo inicial se somete a una prueba práctica y también puede optimizarse manualmente de forma periódica. Tras cada corrección, el algoritmo aprende y mejora sus resultados de forma autónoma.

Se pueden añadir más conjuntos de datos para mejorar aún más la precisión del algoritmo. Con el tiempo, el esfuerzo de entrenamiento disminuye, mientras que la eficiencia del software sigue aumentando.

3. Optimización basada en las previsiones

Una vez desarrollado, un modelo de aprendizaje automático puede establecer los mejores precios para satisfacer los objetivos específicos de la empresa y determinar la elasticidad de los precios de miles de productos en solo unos minutos.

Los equipos internos de marketing y ventas pueden utilizar estos cálculos para experimentar más audazmente con los precios de entrada y las rebajas, porque pueden juzgar mejor el impacto potencial en las ventas y en la demanda.

En lugar de basarse en el instinto y la experiencia, ahora pueden razonar sobre la base de los resultados del algoritmo de aprendizaje automático. Esto les da margen de maniobra, lo que generalmente se traduce en un aumento de las ventas y de beneficios.

Aplicaciones de la fijación de precios basada en la IA: B2C y B2B

En el sector minorista, la fijación de precios basada en la IA será cada vez más habitual en los próximos años. Según un estudio mundial de la empresa de consultoría de gestión Horváth, el 79 % de las empresas minoristas prevé invertir en IA para 2030, en parte con el fin de optimizar los precios.

Muchos minoristas conocidos ya están explotando el poder del aprendizaje automático. Entre ellos se encuentran algunas marcas famosas como la empresa de electrónica estadounidense Monoprice, la cadena de supermercados británica Morrisons o Zara en el sector de la moda. En este último caso, por ejemplo, la cadena de moda española determina sus precios de entrada mediante IA y deja que los precios reaccionen a las tendencias automáticamente. Como resultado, Zara solo tiene que vender un 15-20 % de sus productos con descuento, según Ghemawat y Nueno, frente al 30-40 % de otros minoristas europeos.

Ralph Lauren y Michael Kors utilizan el aprendizaje automático para vender menos artículos con descuento, gestionar sus inventarios y aumentar las ventas.

Boohoo y Shein, minoristas de moda rápida, son bien conocidos por utilizar el aprendizaje automático para alcanzar sus objetivos comerciales, a pesar de sus bajos precios de entrada.

Incluso en el ámbito B2B, cada vez más empresas están introduciendo la gestión de precios basada en la IA.

Veamos ahora seis aplicaciones de la fijación de precios basada en la IA según el tipo de empresa, tanto en el contexto B2B como en el B2C (véase la figura 7.2[5]).

Figura 7.2: Aplicaciones de la tarificación basada en la IA con impactos de casos seleccionados

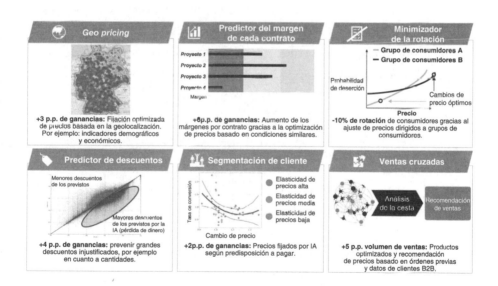

Fuente: Cortesía de Horváth

Precios geográficos

En varias zonas geográficas de un país (Alemania: norte, centro, sur) o de una región geográfica (Europa) la disposición a pagar puede variar, incluso considerablemente. La IA permite combinar las cifras de ventas internas del producto y del cliente con datos externos —por ejemplo, demográficos, de ingresos y económicos— indicando mediante la fijación de precios geográficos, «*geo pricing*» para abreviar, el punto de precio ideal por producto, servicio o descuento.

Predictor del margen del contrato

En los contratos de venta, ya sea de mantenimiento o de asistencia posventa, el precio o el descuento pueden variar mucho según el tipo de cliente o el poder de negociación del vendedor.

Para permitir solo el descuento «necesario» para cerrar el contrato, la IA analiza una serie de parámetros vinculados al contrato y otros vinculados al cliente y al contexto de la transacción, con el fin de indicar el precio y el margen de beneficio más adecuados para cerrar el trato.

Minimizador de la rotación

En muchos sectores caracterizados por una amplia cartera de clientes, como las compañías telefónicas, la televisión de pago, los proveedores de electricidad o la posventa y asistencia para automóviles o maquinaria, minimizar la tasa de abandono de clientes es esencial para el éxito de la empresa.

La IA permite crear indicadores que calculan la probabilidad de abandono y sugieren medidas de retención para evitar la rotación de los clientes, y también dan con el precio óptimo para proponer a los clientes en riesgo de irse.

Predictor de descuento

Un caso típico de aplicación es el de la optimización del descuento. Partiendo de la lista de precios, el algoritmo indica el máximo descuento necesario para cerrar una venta, sin ir más allá de la concesión necesaria. El descuento óptimo se predice para un cliente y una operación determinados.

Segmentación de clientes

Para segmentar a los clientes se pueden seguir varios caminos. Un enfoque típico es evaluar la disposición a pagar. La IA, por ejemplo, es muy adecuada para calcular la disposición a pagar de los clientes actuales con el fin de segmentarlos y optimizar las ofertas que se les harán.

Ventas cruzadas y de mayor calidad (*up-selling*)

Tanto en el ámbito del B2C como en el del B2B se intenta vender al cliente un accesorio o un servicio adicional para aumentar los ingresos y, al mismo tiempo, los beneficios.

La IA permite analizar eficazmente qué combinaciones de productos se han vendido a clientes con características similares, para hacer una oferta directa —en el caso de un cliente B2C— o, por ejemplo, a través del minorista —en el caso del B2B— de más productos y fomentar la venta cruzada y el *up-selling*, proponiendo también precios optimizados.

Resumen

La fijación de precios basada en la IA se refiere al uso de métodos como la inteligencia artificial, el aprendizaje automático y el aprendizaje profundo para imitar el comportamiento humano y tomar decisiones autónomas de fijación de precios que mejoran constantemente gracias a métodos estadísticos y algoritmos avanzados.

Los pasos para configurar un algoritmo de optimización de precios basado en el aprendizaje automático son bastante sencillos:

1. Recogida y depuración de datos;
2. Entrenamiento del algoritmo;
3. Optimización basada en la predicción.

Algunas aplicaciones de la IA son:

- Precios geográficos *Geo Pricing;*
- Predictor del margen del contrato;
- Minimizador de la rotación;
- Predictor de descuento;
- Segmentación de clientes;
- Venta cruzada.

La fijación de precios basada en la IA puede tener un fuerte impacto positivo en el éxito de las empresas y por eso se está extendiendo cada vez más, tanto en el ámbito del B2C como en el del B2B, siendo el B2C más maduro que el B2B.

Por lo tanto, para seguir siendo competitivos, es necesario evaluar cómo seguir el ritmo de la competencia también en el frente de los precios basados en la IA.

8

FREEMIUM

«El objetivo de las empresas es crear y mantener un cliente».

PETER DRUCKER

Análisis de caso

Llevas años esperando ese nuevo disco de tu cantante favorito, soñando con el LP vintage zumbando en el tocadiscos, 10-12 temas nuevos y tú, sentado en tu sillón favorito, la casa en silencio, quizá con una copa de buen vino tinto a mano. Pagarías lo que fuera por ser de los primeros en tenerlo cuando salga a la venta. Y entonces, por fin, inesperadamente, llega el momento: ¡el álbum sale a la venta! Estás emocionado. Con curiosidad. Te levantas y te duchas, te vistes. Vuelves a ver una escena de *Fiebre del sábado por la noche* en YouTube. Haces un par de pasos de baile como Uma Thurman en *Kill Bill*. Te pones en marcha, listo para salir PERO (siempre hay un pero) llega el contratiempo: no tienes que comprarlo, ni salir, ni encontrar un sitio para aparcar, ni siquiera entrar en la tienda de discos que ya has visto en la esquina y que te recuerda tan vivamente al mejor vinilo. Y ni siquiera tendrás que pagar el precio. ¿Por qué? ¡Porque alguien te lo regala![1] Y ahí está, el nuevo disco de tu ídolo está ahí delante de ti con la funda de plástico aún impoluta, ¡y es gratis! Un sueño hecho realidad y aún no son las 8 de la mañana.

Cuando el nuevo álbum de Prince, *Planet Earth*, salió a la venta en el Reino Unido en 2007, casi 3 millones de personas se hicieron con una copia.

Normalmente, este tipo de noticias evocan imágenes de los peces gordos de la industria discográfica chocando los cinco y de los fans abarrotando las tiendas para vaciar las estanterías. Pero en este caso no ha ocurrido nada de eso: Prince no vendió en el Reino Unido ni un solo ejemplar (¡!) de su álbum, valorado en unos 20 dólares.

En un gesto sin precedentes, Prince decidió distribuir gratuitamente el nuevo álbum con el tabloide británico *Mail on Sunday*.

Los lectores que pagaban el precio habitual de unos 3 dólares por el periódico recibían el álbum gratis.

Si se considera solo la rentabilización del álbum, es evidente que Prince no ganó nada de dinero: en lugar de recibir la comisión habitual por las ventas a precio completo —en este caso, unos 2 dólares— a través del canal tradicional, *Mail on Sunday* solo pagó 36 céntimos por copia en concepto de derechos de licencia.

Pero teniendo en cuenta el impacto que esta operación tuvo en la venta de entradas de sus 21 conciertos en Londres, para *The Purple One* sin duda mereció la pena. Solo en Gran Bretaña, las ventas de todas las entradas disponibles fueron un récord absoluto para este artista tristemente desaparecido.

Aunque a primera vista Prince estaba renunciando a una comisión de 4,6 millones de dólares, el efecto promocional de los 21 conciertos generó ingresos por valor de 23,4 millones de dólares, con un beneficio de 18,8 millones. [2] Además, las ventas del *Mail on Sunday* aumentaron en 600.000 ejemplares más que la media de 2,3 millones, es decir, un aumento de más de un 25 % de las ventas medias en un solo día.

Aunque no cubrió los costes, el propio periódico consideró que la promoción fue un gran éxito; la razón fue en parte que, al posicionarse como innovador en el mercado a través de este tipo de operación encomiable y pionera, *Mail on Sunday* se hizo más atractiva para las empresas de publicidad.

En este caso se habla de una estrategia *loss leader*, es decir, se pierde dinero en un producto (en este caso el disco), para vender otros rentables (las entradas del concierto).

Para resumir el concepto, solo hay que pensar en un pub: se ofrecen cacahuetes salados gratis, para dar sed a los clientes y vender bebidas caras, como cerveza, cócteles y todo lo que constituye el negocio principal del pub. Lo pequeño genera lo grande y David vence a Goliat.

Este es el mismo principio que sigue Google, que lleva años vendiendo con éxito a (más o menos) cero; cientos de productos se proporcionan de forma gratuita: además de ofrecer el primer motor de búsqueda del mundo, con una cuota de mercado que supera ampliamente el 90 %, Google ofrece servicios en diversos contextos, desde el correo electrónico (Gmail) hasta la información (Google News), pasando por navegadores (Google Maps), traductores (Google Translate) o la posibilidad de compartir documentos, hojas de cálculo e imágenes (Google Docs).

Los ingresos por publicidad y algunas otras fuentes de ingresos son tan elevados que Google puede ofrecer un número considerable de servicios gratuitos.

Cuando los gestores de productos de Google quieren lanzar un nuevo producto o servicio, no se preguntan cuántos ingresos generará, sino si la oferta será apreciada y si será adoptada por un gran número de usuarios. Esta es la base de la estrategia de Google: lanzar servicios que interesen al mayor número posible de clientes y provocar su adopción masiva para vender publicidad.

Gracias a la venta de productos completamente gratuitos, Google se convirtió en 2020 en un gigante de 182.000 millones de dólares, con unos beneficios que alcanzaron los 40.000 millones de dólares, una suma que es superior a los beneficios de todos los fabricantes de automóviles y compañías aéreas estadounidenses juntos.[3]

Esta fue también la dirección tomada por Michael O'Leary quien, como consejero delegado, transformó completamente Ryanair, convirtiéndola en una de las aerolíneas de bajo coste más exitosas del mundo. O'Leary sostenía que en el futuro podría ofrecer a sus clientes vuelos más o menos gratuitos. Los ingresos provendrían de compartir los ingresos con los aeropuertos.[4] Naturalmente, puede haber problemas si satura el mercado o si sus competidores empiezan a considerarle negativamente. Lo mismo puede ocurrir si se saturan los cielos, hasta que el coronavirus los barrió, dejando a los seres humanos con horizontes despejados y nubes blancas flotando en un cielo azul. La pandemia del 2020-22 ciertamente frenó la visión, pero lo cierto es que todo fluye en la vida y, de la misma manera, el modelo *freemium* seguirá su camino en muchos sectores, superando este enésimo obstáculo.

Análisis del contexto

Freemium es una combinación de la palabra *free* (gratis) y *premium* (o calidad superior).

De este primer análisis semántico se desprende que la palabra describe una estrategia de precios en la que la función inicial se proporciona de forma gratuita con la posibilidad de acceder a otras funciones «conectadas» previo pago.

Como una especie de juego en el que, para desbloquear la siguiente fase, primero debo completar la anterior canjeando los doblones que he conseguido hasta entonces. Los fans de los años 80/90 recordarán una partida tras otra de Golden Axe en los salones recreativos con pantallas gigantes y joysticks, jugando contra trolls, hombres lobo y gnomos y escalando las paredes más altas, acumulando vidas y afinando su espíritu aventurero mientras, por qué no, ganaban un buen dinero antes de pasar a la siguiente pantalla.

El objetivo del *freemium* es atraer inicialmente —o mejor dicho, captar— el mayor número posible de clientes mediante una oferta gratuita y luego, una vez que los usuarios se familiaricen con la función base, el proveedor espera que aumente su disposición a pagar por servicios añadidos más sofisticados.

En este sentido, el *freemium* también puede interpretarse como una forma de estrategia de penetración, por la que se produce una especie de subvención cruzada entre los productos gratuitos y los que se venden a un precio que cubra el coste de la oferta gratuita y genere un margen de beneficio. En concreto, se pueden distinguir tres formas de subvención cruzada.

1. Gratis

El primer caso se refiere a los productos gratuitos directamente subvencionados por productos de pago. Un buen ejemplo, en este sentido, son los clásicos «pague dos y llévese uno gratis». Así es como Trony, en el ámbito de los electrodomésticos, ofrece un producto («el menos caro») gratis al comprar tres artículos. [5] Walmart hace la misma oferta para los DVD: uno es gratis y el otro se paga, con el objetivo de atraer a los clientes al punto de venta y hacer que llenen la cesta de la compra con productos rentables. O Vodafone y O2, que en Alemania te regalan un smartphone si firmas un contrato de dos años con ellos, que además cubre el coste del teléfono móvil. Y, de nuevo, el banco Unicredit ofrece una tarjeta de crédito gratuita para rentabilizar la cuenta corriente que se vende junto con la tarjeta gratuita.

En comparación con el *loss leader* —como los juegos de Play Station que son necesarios para jugar en la consola de Sony que se vende por debajo del coste, o el vino caro del restaurante que subvenciona un menú de bajo coste—, al menos uno de los productos es completamente gratuito.

2. *Freemium*

El segundo caso se refiere a los productos que son gratuitos como versión base y subvencionados por versiones avanzadas que son de pago; este es el caso del verdadero *freemium*.

Mientras que, en el primer caso, la adquisición del producto gratuito está de hecho vinculada a la compra de un producto de pago, en este caso el producto gratuito puede utilizarse sin necesidad de comprar nada.

¿Cómo?

Los *freemiums* son especialmente adecuados para las llamadas «modalidades experienciales», es decir, aquellas cuyos beneficios completos solo se manifiestan al experimentar el producto.

Los consumidores con experiencia directa previa del producto tienden a mostrar una mayor conexión e intención de compra que los consumidores que llegan a través de canales indirectos.[6]

Es el caso de productos informáticos como Adobe, que concede una versión básica de su software de forma gratuita y una profesional de pago. O, por ejemplo, las redes sociales como LinkedIn o Xing, donde muchas funciones son gratuitas (por ejemplo, la creación de un perfil o el envío de mensajes) mientras que otras hay que pagarlas.

La era digital ha permitido que estos modelos se extiendan más rápidamente, de modo que ahora están muy extendidos en el mercado de productos digitales.

En el mundo offline, donde las *freemiums* estaban representadas hasta hace poco por las muestras de perfumes en las perfumerías o las latas de muestra de alimentos que se daban a los clientes para incentivar las ventas, los costes eran tales que limitaban su uso; en el mercado digital, en cambio, los costes son marginales e insignificantes, por lo que las oportunidades florecen. Si solo el 5 % de los usuarios fuera a pagar por un producto, el modelo de negocio se mantendría. Esto significa que, aunque 95 usuarios de cada 100 no pagaran, los 5 restantes serían suficientes para que la empresa generara beneficios, gracias precisamente a los insignificantes costes que conlleva.

3. Triangulación

El tercer caso se refiere a la bipartición de productos gratuitos con productos que, en cambio, son de pago.

Se trata del modelo clásico característico de los medios de comunicación: en el intercambio gratuito entre dos partes se introduce una tercera, que es de pago. Esto ocurre con Metro, el periódico impreso de mayor tirada del Reino Unido: el diario se distribuye gratuitamente y ofrece a los lectores noticias y artículos de claro interés, para que tengan una idea de los principales acontecimientos del día. Es una lectura horizontal, sin artículos detallados, y de hecho a menudo tenemos poco tiempo, por lo que Metro explota nuestra capacidad de hojear.

En cualquier caso, lo importante aquí es el precio al que se vende el producto: el tercero en este caso es el anunciante que paga al editor la tarifa por los anuncios publicados en el periódico. Por lo tanto, el editor no vende ejemplares del periódico a los lectores, sino los lectores a las agencias de publicidad; aquí entra en juego una especie de triangulación.

Lo mismo ocurre con las emisoras de televisión o de radio. En internet han crecido ecosistemas mediáticos enteros basados en este modo de triangulación, que se basan en: (a) contenidos gratuitos; (b) venta de información relacionada con los usuarios, (c) suscripciones de pago.

En realidad, también se encuentran otros ejemplos fuera de internet, por ejemplo en el caso de las tarjetas de crédito: American Express entrega su tarjeta gratuitamente a los usuarios y se lleva un porcentaje del comerciante.

Y ahora una consideración matemática que parece más difícil de lo que realmente es. Veámosla juntos.

Los tres tipos de subvenciones cruzadas se basan en realidad en dos tipos de precios:

- En un caso el precio es igual a cero, es decir, no hay pago y la transacción se realiza de forma gratuita.

- En el segundo caso hay un precio y está vinculado a la compensación.

Es posible encontrar un tercer caso: la fijación de precios negativos. En este último caso se paga al consumidor por utilizar el producto y no al revés. Un ejemplo es Microsoft, que paga a los usuarios por realizar búsquedas en Bing, permitiéndoles las llamadas recompensas, que pueden convertirse en diversas primas.[7] O los programas de fidelización de clientes de las aerolíneas, como el AAdvantage o el Miles & More; este último, por ejemplo, permite adquirir bienes y servicios pagándolos a través de Miles-Pay con millas en lugar de dólares.[8] Otro ejemplo proviene de las fórmulas de cash-back, de empresas y concesionarios de automóviles como General Motors o Chrysler. La oferta de una cadena de gimnasios danesa se orienta en la misma dirección: si vas al gimnasio al menos una vez a la semana, tu abono mensual es gratuito. Cada semana que no se va (y todos sabemos lo que esto significa después del primer mes, cuando la motivación es alta, lo mucho que «cuesta» en términos de fuerza de voluntad persistir, con ese molesto, insignificante pero fatal dolor de tobillo), nos encontramos con que nos cobran la tarifa mensual normal de socio.[9] Un gran incentivo: se podría decir que lo hacen por nuestro bien.

De hecho, cuando te encuentres pagando por no haber sido lo suficientemente «activo» en el gimnasio, los diseñadores de esta fórmula seguramente estarán pensando que te reprocharás por no haber ido; en realidad no es tu culpa, por supuesto, siempre es culpa de otro cuando no vas y jurarás ser más constante en el futuro. Si, por el contrario, pagas el abono anual pero de vez en cuando no vas, tenderá a preguntarse si no sería mejor cancelar el abono: en su lugar, he aquí un modelo de precios que tiene más posibilidades de mantener a este tipo de clientes.

En Los Ángeles, si estás en una banda, a veces no es el local el que paga a la banda, sino la banda la que paga por tocar en el local.[10]

Suele ser el caso de los nuevos grupos emergentes que buscan más la fama y la visibilidad que el dinero. Una vez tengan un nombre, entonces podrán darle la vuelta a la tortilla y cobrar.

En el sector de las conferencias telefónicas hay varios actores que ofrecen sus servicios a los usuarios de forma gratuita. Se trata de empresas como FreeConferenceCall, utilizada por más de 42 millones de personas, entre las que se encuentran principalmente empresas[11]: el servicio es gratuito para el usuario, ya que las compañías telefónicas pagan una comisión por las llamadas internacionales realizadas por los usuarios para participar en la conferencia telefónica gratuita.

Todos estos casos muestran cómo empresas inteligentes han conseguido invertir el flujo de caja normal ofreciendo un producto gratuito.

Volvamos al *freemium*, que merece una mayor atención.

Este modelo de negocio concreto ha arraigado en la industria del software, donde empresas de software como Adobe anuncian sus programas en versiones «ligeras» gratuitas. La creciente popularidad del *freemium* ha hecho que este enfoque de monetización se extienda en varios contextos.

Un practicante exitoso de los precios *freemium* es SurveyMonkey, que actúa de la siguiente manera: si por casualidad deseas realizar una encuesta rápida online con un máximo de 100 entrevistados, puedes crear un cuestionario y utilizar su servicio de encuestas de forma gratuita. Con esta estrategia, SurveyMonkey ha atraído a más de 20 millones de usuarios.

Naturalmente, el negocio rentable depende de algo totalmente diferente: un grupo de clientes que quiere respuestas de más de 100 personas y que, por tanto, está dispuesto a pagar una suscripción por los servicios avanzados de SurveyMonkey.

Hay otros casos de precios *freemium* en entornos muy variados:

- Flickr, por ejemplo, ofrece espacio gratuito para compartir fotos y vídeos, pero vende espacio extra para archivar;

- Skype ofrece llamadas gratuitas entre ordenadores, pero vende las llamadas entre el ordenador y el teléfono;
- Fortnite ofrece un juego gratuito (Battle Royale) hasta cierto nivel, pero vende accesorios (por ejemplo, skins) y juegos posteriores (como Salvar el Mundo).

Hay muchos otros ejemplos en la transmisión de vídeo (Youtube, Vimeo), la transmisión de música (Spotify, Deezer, Pandora), las soluciones de almacenamiento en la nube (iCloud, DropBox, Google Drive, OneDrive) o las redes sociales (como Xing y LinkedIn). Sin embargo, la estrategia *freemium* no se limita a los bienes inmateriales en internet.

Vistaprint, una multinacional holandesa de origen francés que utiliza la personalización en masa para producir trabajos de impresión a corto plazo —como tarjetas o folletos— ha utilizado durante años su promoción de «tarjeta de visita gratuita» para animar a los clientes a hacerles pedidos. Mientras la empresa regala millones de trabajos de impresión gratuitos (por supuesto, cubriendo los costes, al menos en parte, mediante el recargo por «entrega y manipulación»), genera más de mil millones de dólares al año en trabajos de impresión de pago.

Al parecer, los modelos *freemium* también existían en el mundo antiguo. Por ejemplo, durante años los bancos anunciaron cuentas corrientes sin comisiones. Solo si el cliente exigía extras además del servicio base, tenía que pagar. No obstante, la cuenta básica gratuita solía estar vinculada a ciertas condiciones: por ejemplo, la cuenta debía tener un saldo mínimo. Al final el cliente pagaba con los intereses perdidos. Lo mismo ocurre con la financiación llamada «cero por ciento», que los minoristas ofrecen cada vez más en los últimos años: en realidad, aquí los costes de la financiación están ocultos en el precio de compra. Otra diferencia viene dada por el hecho de que la oferta gratuita esté vinculada a la publicidad o no.

En muchos servicios *freemium* la oferta es realmente gratuita en el sentido de que no se muestra publicidad. Un ejemplo es la versión de

Microsoft Office para smartphone o tableta, cuya versión básica se pone a disposición de los clientes de forma gratuita. Como mucho, el usuario paga con sus datos. LinkedIn y Xing son otros ejemplos.

En otros servicios, el usuario debe aceptar la publicidad o las pausas publicitarias en su oferta gratuita. Es el caso de Spotify, donde los usuarios de la versión premium pagan 9,99 dólares al mes y reciben la música sin cortes publicitarios. Los clientes gratuitos tienen que aguantar la publicidad, como harían en la radio. Pagan con su atención. Lo mismo ocurre con YouTube.

Otro ejemplo lo encontramos en el periódico italiano repubblica.it. Aunque varios artículos son de libre acceso para los usuarios online, algunos artículos seleccionados solo pueden verse tras haberse suscrito al sitio web. Los usuarios disponen de dos opciones. Una es la suscripción digital de 6 meses solo al sitio, que está disponible por 1 euro/3 meses y luego 5,99 euros/3 meses, y la otra es una suscripción online de 12 meses para el sitio web, el diario y los suplementos, marcada por un precio de 5 euros/3 meses y luego 13,99 euros/12 meses.

Los proveedores de diccionarios leo.org ofrecen sus servicios de forma gratuita, pero muestran publicidad. Si se bloquea esta última, aparece una solicitud de donación que puede interpretarse como una variante del modelo «paga lo que quieras», tratado en otra parte de este libro.

LinkedIn va más allá, diferenciando los precios según las distintas exigencias. La oferta profesional premium, cuyo objetivo es «conseguir el trabajo de tus sueños», cuesta 29,99 dólares al mes. Para la oferta premium de negocios, que sirve para «seleccionar y nutrir tu red», la cuota mensual es de 59,99 dólares. Para «desbloquear oportunidades de venta» el precio sube a 79,99 dólares. Obviamente, LinkedIn estima en diferente medida la disposición a pagar de los candidatos, los interesados en la red de contactos y los vendedores. Además, hay un buen descuento del 20 % en las tres ofertas en el caso de las suscripciones anuales.

También Xing tiene un modelo *freemium*. El programa de comunicaciones Skype se basa en una funcionalidad completa, pero limita las llamadas gratuitas a su propia red. Una vez que los usuarios se acostumbran a las interfaces intuitivas, están más dispuestos a pagar un precio para llamar a teléfonos fijos o móviles. Al principio, Skype vendía principalmente minutos de llamadas individuales. Más tarde, las ofertas se estructuraron de forma similar a las de las compañías telefónicas tradicionales. Las actuales ofertas de pago incluyen paquetes de minutos o tarifas planas hacia redes nacionales seleccionadas.

4. Reglas para el éxito de los *freemiums*

Todos los videojuegos «*free to play*» son buenos ejemplos del modelo *freemium*. Pueden considerarse un «muro extremo», es decir, ya no se espera que el 80 % de los beneficios provenga de solo el 20 % de los clientes, sino que el modelo de negocio depende de atraer a millones de jugadores, de los que solo una fracción hará compras mientras juega. Por ejemplo, en Zynga, el creador del popular juego online Farmville, un estudio del *Wall Street Journal* descubrió que menos del 5 % de los jugadores habían comprado algo. Ni siquiera un fardo de heno que costaba 1 dólar para las vacas virtuales (¡!).

Esta aplicación de la estrategia de precios *freemium* se vuelve así vulnerable a los caprichos de un número bastante limitado de jugadores que pueden verse atraídos por otra cosa, por ejemplo el siguiente juego nuevo. Más aún que en el caso de las tarifas planas, es importante para los modelos *freemium* que los costes marginales sean iguales o lo más cercanos posible a cero, al menos para el servicio base, y que por tanto el «coste gratuito» no suponga una carga para el proveedor.

Veamos cuáles son las cuatro reglas para que el modelo de precios *freemium* sea eficiente.

1. El mercado debe ser segmentable

Para que el modelo *freemium* tenga éxito, necesitamos varios segmentos de mercado con grupos de clientes que busquen diferentes beneficios. Si más o menos todos los clientes buscan las mismas características en un producto y el mismo nivel de prestaciones, el modelo *freemium* no funcionará. Por eso Facebook funciona, gracias al apoyo de la publicidad, mientras que LinkedIn ha tenido éxito con el modelo *freemium*. Casi todos los que están en Facebook buscan las mismas características y prestaciones. En cambio, en LinkedIn la mayoría de los usuarios ocasionales utilizan el servicio online de forma gratuita como forma de mantenerse al día con sus contactos de trabajo y para alojar online un breve resumen de su biografía profesional. Pero los cazatalentos quieren más. Están dispuestos a pagar una suscripción mensual para ser usuarios premium del servicio. La distinción es que los usuarios premium pueden ponerse en contacto con los candidatos que identifiquen como posibles corresponsales para una vacante, mientras que los usuarios ordinarios solo pueden acercarse a otras personas en el servicio a través de la presentación de alguien con enlaces compartidos.

2. El producto debe tener un coste variable bajo

Para casi todos los sitios web, el coste marginal de un cliente adicional (piensa en el cliente número 800 millones de LinkedIn, que se incorporó en 2022) es casi nulo. El coste completo de 100 tarjetas de visita en Vistaprint sería bastante elevado si le asignáramos todos los costes generales, incluido el personal de la oficina central y las operaciones de la fábrica. Pero, dado que las funciones de producción y comercio general de la empresa se cubren con pedidos de pago, el coste de un pedido más allá del margen es bastante pequeño. En cambio, ni un mecánico ni un óptico pueden utilizar con éxito el modelo *freemium* porque, en cualquier caso, los costes de atender a un cliente más son muy superiores a cero.

3. **Los clientes *freemium* deben actuar como embajadores de la versión de pago**

Dropbox, un servicio de alojamiento de archivos en la nube, reclutó deliberadamente a los usuarios para que subieran archivos personales con la certeza de que demandarían un sistema de almacenamiento de archivos que también se basara en la nube y que, por tanto, pudiera venderse a las empresas a un precio lo suficientemente alto como para cubrir toda la operación. Entre los clientes consumidores y las empresas, el mercado es fácil de segmentar sobre la base de la cantidad total de almacenamiento que cada uno utiliza.

4. **Hay que añadir gradualmente restricciones a la versión gratuita**

Cuando SurveyMonkey comenzó, la única restricción era el número de encuestas que se podían recoger. Cuanto más éxito tenía el servicio, menos eran las funciones del servicio de pago disponibles para los usuarios *freemium,* ya que el sitio web limitaba el cortar y pegar y el guardar los resultados en formato pdf (aunque los resultados podían visualizarse en línea). Esto tuvo mucho éxito a la hora de convencer a un número cada vez mayor de usuarios para que optaran por una de las ofertas de pago de la empresa.

Para disparar el uso de pago, se pueden establecer diferentes tipos de posibles limitaciones a la versión gratuita: (a) de funcionalidad, como en el caso de LinkedIn, donde la versión base permite hacer ciertas cosas de forma gratuita mientras que la profesional en cambio exige algún tipo de pago, a cambio de más utilidades; (b) temporal, como en el caso de Salesforce, que permite 30 días de uso gratuito antes de solicitar el pago; (c) uso, como en el caso de Intuit QuickBooks, [12] y (d) tipo de cliente, como en el caso de Microsoft for StartUps, que ofrece Azure de forma gratuita[13] a las empresas de menos de cinco años y con una facturación inferior a 10 millones de dólares.

Resumen

Freemium es una estrategia de precios. Las funciones iniciales se ofrecen de forma gratuita y posteriormente se desbloquean funciones previo pago. El objetivo de una *freemium* es atraer inicialmente al mayor número posible de clientes potenciales mediante la oferta gratuita.

Una vez que los usuarios se han familiarizado con las funciones básicas, el proveedor del servicio espera que su disposición a pagar por servicios adicionales de mayor calidad crezca paso a paso con la oferta.

En cuanto a la subvención cruzada para apoyar el modelo de oferta libre, se hacen tres distinciones:

1. *Gratuidad*: el primer caso se refiere a productos gratuitos directamente subvencionados por productos de pago. Un ejemplo clásico es la oferta «compre dos y llévese uno gratis».

2. *Freemium*: el segundo caso se refiere a productos cuya versión base es gratuita y está subvencionada por versiones avanzadas de productos de pago, es decir, el *freemium*. Mientras que en el primer caso la adquisición del producto gratuito está vinculada a un producto de pago, en este caso el producto gratuito puede utilizarse sin tener que pagar por otro.

3. *Triangulación*: el tercer caso se refiere a la bipartición de productos gratuitos, a cambio de productos pagados. Este es el modelo clásico que caracteriza a los medios de comunicación: en la relación de intercambio gratuito entre dos partes, se introduce una tercera que es la que paga.

Los tres tipos de subvención cruzada se basan en dos tipos de precios: en un caso el precio es igual a cero, ya que no se cobra; en el otro caso, el precio se basa en el pago. En realidad, es posible encontrarse con un tercer caso: la fijación de precios negativos. En este último caso se paga al consumidor por utilizar un producto y no al revés. Un ejemplo es el de Microsoft que paga a los usuarios por realizar búsquedas en Bing, permitiéndoles las llamadas recompensas que pueden convertirse en diferentes primas.

Las cuatro reglas para que el modelo de precios *freemium* funcione eficazmente son:

1. El mercado debe ser segmentable;
2. Los productos deben tener un coste variable bajo;
3. Los clientes *freemium* deben actuar como usuarios-embajadores de las versiones de pago;
4. Hay que añadir gradualmente restricciones a la versión gratuita.

No hace falta decir que la estrategia *freemium* solo puede tener éxito cuando hay suficientes usuarios de la versión de pago de un producto para permitir que la empresa alcance el equilibrio.

En el futuro, muchas empresas tendrán que adaptarse a un competidor directo que ofrezca bienes y servicios gratuitos.

9

PRECIOS COMPRENSIVOS

«La vida es lo que te sucede mientras estás ocupado haciendo otros planes».

John Lennon

Análisis de caso

Vuelves del trabajo después de un día agotador. No puedes esperar a llegar a casa.

Pero cuando llegas a la estación, te das cuenta de que algo va mal; gente que camina de un lado a otro, distraída y desorientada, hablando nerviosamente por teléfono, niños que lloran, chicas sentadas en sus mochilas fumando, su maquillaje empezando a correrse.

El andén está lleno de vida, aunque es caótico: hombres con bigote y maletines distraídos por la desesperación reprimida, un destino infeliz.

El transporte público se ha visto afectado por una huelga general. No hay más trenes en circulación.

Se abre una ventana de pesadilla sobre la vida cotidiana.

Muy diferente al *mejor de los mundos posibles* que habías imaginado: una ducha caliente y luego música, ropa cómoda y una copa de buen vino, sentarte a leer el periódico de la mañana que aún no habías conseguido abrir.

Así es como la idea de la felicidad doméstica queda, si no completamente destrozada, al menos retrasada.

La realidad supera la fantasía.

Así que aquí estamos, sudando, con las camisas pegadas a la piel, armados de una paciencia que amenaza con evaporarse.

Un día de locura, como la película de Joel Schumacher con Michael Douglas. Y, en su lugar, respiras profundamente, una y otra vez. No hay nada más que hacer.

Y, en cambio, ocurre algo inesperado.

Justo cuando estás imaginando la pesadilla, convenciéndote de que estás condenado a pasar la noche en una sala de espera abarrotada, llega una ventana emergente de Uber a tu teléfono móvil diciéndote que, como contribución a aliviar la crisis, tienes derecho a un descuento del 50 % en un «viaje a casa».

«La vida es lo que te sucede mientras estás ocupado haciendo otros planes», y John Lennon tenía razón.

Tal vez la vida sea eso: el giro inesperado de los acontecimientos; algo que no se puede poner en orden.

Crees que puedes controlarlo todo. Y, en cambio, la vida es lo que te ocurre mientras estás ocupado haciendo otros planes.

Así que esta es la clave de todo, entonces.

El mensaje que se puede transmitir al cliente.

De hecho, después de un cómodo y económico viaje en coche (el tren abarrotado solo es un mal recuerdo), ahí estás en casa, sano y salvo.

Incluso mejor que lo habitual, pensará el cliente, siempre agradecido a este inesperado y fortuito regalo del destino.

El ejemplo puede parecer irreal e inverosímil, pero en cambio es exactamente lo que Uber ofreció a sus clientes cuando las huelgas de transporte público afectaron tanto a Boston como a Londres.

Se trata de la tarificación comprensiva, cuyo objetivo es transformar la experiencia negativa del cliente —en este caso la huelga de transporte— en una positiva, es decir, el viaje barato a casa. De esta forma se crea empatía con la marca, la idea, la sugerencia a nivel inconsciente, generando una actitud y una emoción positivas en el cliente hacia la marca.

La fijación de precios comprensiva puede definirse así:

La aplicación de descuentos flexibles e imaginativos que ayudan a aliviar los picos de dolor en el estilo de vida y a echar una mano en los momentos difíciles o a defender un valor compartido. [1]

Análisis del contexto

Los precios comprensivos pueden marcar la diferencia para los clientes en toda una serie de situaciones. La aplicación de estos precios que comprenden y se compadecen de una situación del cliente no tiene un impacto positivo inmediato en la línea de tiempo de los objetivos de la empresa, sino que encuentra su lugar en una lógica correcta de retorno a medio y largo plazo.

Si los años cincuenta y sesenta vieron debutar en el escenario mundial la materia de los sueños y los ochenta el apogeo del dinero fácil, después de los noventa —y más aún el año 2000— llegó el peso de la incertidumbre: en septiembre de 2021. Han pasado veinte años desde el 11-S, el atentado terrorista que acabó con las Torres Gemelas de Nueva York y que nos condujo a una era de capitalismo de vigilancia, tan necesaria como peligrosa para todo lo que concierne a la libertad individual y a las sociedades democráticas contemporáneas.

Aunque las empresas siguen diciendo a sus clientes que se centran en sus necesidades y se preocupan por ellos y sus retos diarios, no se les cree. Un reciente estudio de la agencia de relaciones públicas Cohn & Wolfe muestra que solo una pequeña minoría de consumidores confía en las empresas: solo el 5 % de los consumidores del Reino Unido y Estados Unidos cree que las grandes empresas son realmente transparentes y honestas.

Decenas de informes, sondeos de opinión y estudios de consumo confirman este dato: cuando se trata de preocuparse realmente por sus clientes, de poseer un objetivo superior y, en general, de ser una marca más humana, la gente suele pensar que la mayoría de las empresas aún no han llegado a este punto.

Sigue existiendo un profundo escepticismo en muchos consumidores, incluso después de años de campañas, mensajes y trabajos destinados a demostrar que las marcas realmente se preocupan. Por lo general, estas iniciativas se consideran orientadas al negocio o, en el mejor de los casos, quedan relegadas al ámbito de la visión y las promesas vagas, hasta que se desvanecen en una especie de ruido blanco: los consumidores han aprendido a tomarlas como un hecho o simplemente a ignorarlas.

Según otro estudio reciente, menos del 10 % de los consumidores estadounidenses y el 20 % a nivel mundial piensan que las empresas «realmente marcan una diferencia en la vida de las personas».

Los clientes parecen mucho más inclinados a aceptar las pocas marcas que ya están probando un enfoque nuevo y audaz para intentar ser más humanas, o las que apuestan por un nuevo enfoque de los precios flexibles.

Tanto en el sector B2C como en el B2B, la fijación de precios comprensiva ayuda a mejorar la imagen y la percepción de las empresas que la practican, aumentando la confianza en ellas. Ofrecer descuentos en el momento adecuado es la prueba más eficaz de que una empresa se preocupa por sus clientes. Esto se traducirá en una mejor imagen de la empresa, la recuperación de la confianza de los clientes, y nuevos y valiosos seguidores de la marca.

A largo plazo, esto, junto con la posible cobertura positiva de los medios de comunicación, se traducirá en un aumento de la base de clientes.

Por lo tanto, las empresas deben examinar cuidadosamente cómo utilizan sus precios comprensivos.

Pasemos a analizar los tres tipos de aplicaciones posibles de la tarificación comprensiva[2]: (1) tarificación analgésica; (2) tarificación por compasión, y (3) tarificación por propósito.

1. *Precios analgésicos*: las empresas lo utilizan en su sentido literal de «analgésico» para ayudar a sus clientes a superar el dolor o las irritaciones cotidianas. La historia contada sobre Uber es un ejemplo típico de precios analgésicos, pero hay muchos otros que citar.

   Por ejemplo, ¿te han puesto una multa de aparcamiento hoy? Entonces, te mereces una copa gratis. Esto es lo que el restaurante australiano de Melbourne *The Wolf & I* ofrece todos los jueves en su local nocturno, a todo aquel que haya recibido una multa de aparcamiento.

   Y hace algún tiempo, la marca argentina de electrónica doméstica BGH lanzó una campaña especial de verano llamada «Mi casa es un horno»: se ofrecían descuentos en el aire acondicionado a las personas cuyos hogares se consideraban demasiado calurosos. Los clientes tenían acceso a un sitio web que les ayudaba a rastrear su exposición al sol. Cuanto mayor era la cantidad de rayos solares que absorbía su casa, mayor era el descuento que obtenían en un acondicionador BGH. La campaña se llevó a cabo en Argentina durante los meses de verano —que en esa latitud van de diciembre a marzo— y en el periodo considerado supuso más de 49.000 ventas. Según la famosa agencia de publicidad Saatchi & Saatchi, esta forma de precios ha supuesto más de 14 millones de dólares en ventas para los balances de la empresa.

   El eslogan «La calvicie es bella» luce en un lugar privilegiado sobre el restaurante japonés Otasuke, en el barrio tokiota de

Akasaka, en el centro de la ciudad, donde los clientes con alopecia son recibidos con los brazos abiertos y se les ofrecen descuentos que no se otorgan a sus congéneres más peludos.

Aunque no está muy extendida en Japón, la calvicie afecta al 26 % de los hombres, según Aderans, un importante productor de pelucas japonés. La genética juega un papel importante, pero también el estrés de los asalariados de las empresas, con cargas de trabajo crónicas. Por ello, Otasuke, que en japonés significa «manos que ayudan», ha transformado sus precios en una fórmula comprensiva, para generar descuentos para los clientes calvos. De este modo, animan a sus clientes a aceptar su pérdida (de pelo) y a no ocultarla. Esto también ocurre en el precioso arte del *kintsugi* (la centenaria práctica de reparar loza rota utilizando oro). El *kintsugi* se centra en las grietas y las valora: literalmente, el término deriva de «oro» («kin») y «unir/reparar/reunir» («tsugi»).

La metáfora es clara: no se trata de ocultar la herida (en el objeto) sino de rehacerla, dándole una nueva forma que se inspira en la antigua pero con una vena extra, realzando de alguna manera el cambio que ha sufrido. Del mismo modo, «la calvicie es un asunto delicado en Japón, pero en Hollywood hay estrellas que ignoran el problema y siguen con orgullo sus carreras», dice el propietario, Yoshiko Toyoda, «pensé que sería una buena idea promover este tipo de espíritu».[3] Un cartel en el exterior del local explica su apoyo a «nuestros padres trabajadores, que pierden el pelo a causa del estrés laboral». Cada cliente calvo recibe un descuento de 500 yenes, unos 5 dólares, y las primas aumentan con el número de clientes calvos de cada grupo. Si cinco van a tomar algo juntos, uno bebe gratis. Los carteles de las paredes del pub narran detalles interesantes sobre la calvicie (¿Qué nación tiene el mayor índice de calvicie? La República Checa, con un 43 %, seguida de España y Alemania).

Otro caso interesante es el de los descuentos en las habitaciones de hotel cuando llueve: el Noosa International Resort lanzó una oferta llamada *Rainy Weather Rebate*, que consistía en una rebaja del 20 % en el precio de la habitación si las precipitaciones locales superaban los 5 mm durante la estancia del visitante. Situado en Queensland (Australia), en la famosa Sunshine Coast, el centro turístico ideó un plan para atraer a los turistas tras una repentina racha de mal tiempo no estacional (que en este caso incluía cuatro ciclones, fuertes lluvias e inundaciones). Tener en cuenta estos daños colaterales en pleno Antropoceno, una época cada vez más marcada por una considerable inestabilidad, también en lo que respecta al clima, puede ser muy estratégico. Da a nuestros clientes una idea de lo bien informados y sensibles que estamos a los grandes retos de la vida moderna.

2. *Precios compasivos*: las empresas ofrecen apoyo a sus clientes con un mensaje que podría resumirse así: «Cuando la vida no te trata bien… nosotros nos preocupamos por ti». Y las empresas ofrecen descuentos o servicios gratuitos.

Basta pensar en lo que ocurre con los descuentos en productos alimentarios para quienes viven por debajo del umbral de la pobreza: *Community Shop*, un supermercado británico, aplica precios compasivos al vender productos de marca con descuento a personas que reciben asistencia social. El proyecto cuenta con el apoyo de cadenas y marcas como Asda, Marks & Spencer, Tesco y Tetley, que suministran a la tienda productos que en cualquier caso no cumplirían sus normas. Estas existencias acabarían generalmente en vertederos o se transformarían en alimentos para animales.

Otra iniciativa de precios compasivos fue creada por *Tienda Amiga* en la capital de España, Madrid: en este caso, los pequeños comercios ofrecen descuentos a los desempleados de su barrio.

Fue creada por la *Asamblea Popular de Hortaleza,* un grupo comunitario de Madrid. Su objetivo era establecer una economía local más ética. En pocos meses se adhirieron más de 150 comercios locales, que ofrecen descuentos de entre el 5% y el 20% a personas sin empleo.

Acceso a bases de datos gratuitas para periodistas que han perdido su empleo: así fue como Pressfolios ofreció el servicio de forma gratuita a los periodistas que habían sido despedidos por *Star-Ledger,* el mayor periódico de Nueva Jersey. Pressfolios permite a los usuarios crear un portafolio en línea. Los periodistas despedidos reciben una cuenta Pro gratuita, con almacenamiento ilimitado durante tres meses, que normalmente costaría unos 15 dólares al mes. Pequeños pasos para una empresa, pero una gran ayuda para los que han perdido su puesto y sus certezas.

Lowe's gestiona o presta apoyo a más de 2.370 tiendas de artículos para el hogar y ferretería en Estados Unidos, Canadá y México, con más de 65.000 millones de dólares de ventas antes de la pandemia. La sucursal canadiense de la cadena introdujo los precios compasivos cuando una tormenta de invierno destruyó la mayoría de los árboles en Toronto. Lowe's Canadá regaló a la ciudad 1.000 arces rojos. Los árboles, que valían 30 dólares canadienses cada uno, estaban disponibles gratuitamente en los aparcamientos de dos de las tiendas de Toronto, y se distribuyeron por orden de llegada hasta que se agotaron los suministros.

Groupon India, que gestiona un mercado en línea para el comercio local, poniendo en contacto a los comerciantes con los consumidores y ofreciendo bienes y servicios a precios rebajados, aplicó servicios de precios compasivos en respuesta al aumento del coste de las cebollas. A través de las ofertas diarias de su sitio web, los compradores podían adquirir un kilo de cebollas por 9 rupias indias (0,15 dólares), lo que corresponde a una octava parte del precio principal, incluyendo la entrega a domicilio.

3. *Precios con propósito*: mediante los precios con propósito las empresas ayudan a grupos de personas con valores y estilos de vida compartidos, ofreciendo descuentos, gratuidades o reducciones.

Es el precio con propósito el que ha permitido ir tras los elusivos millennials —jóvenes de entre 18 y 35 años— a los que parece preocuparles más la bajada de precio del producto de las barritas de chocolate antes que su historia.

Acceder a este grupo de edad es esencial para que las marcas protejan el valor futuro de la empresa. En este contexto, otro reto del mercado es el creciente predominio de los distribuidores que exigen condiciones comerciales más estrictas. Los dos principales distribuidores australianos, Coles y Woolworths, por ejemplo, exigen líneas de productos exclusivas, importantes inversiones comerciales y precios reducidos para admitir siquiera una marca en su selección de productos.

Este comportamiento es cada vez más habitual en el canal de ventas minorista o de tiendas de conveniencia.

En este sentido, el caso de la marca Snickers de Mars es emblemático, ya que necesitaban que su historia tuviera más peso. También era esencial conseguirlo de forma que se desbloquearan nuevas oportunidades de venta en el sector minorista, para contrastar la presión sobre los precios y las tiendas de conveniencia.

El reto consistía en desarrollar una idea que desencadenara la demanda de ventas de un socio comercial minorista y, al mismo tiempo, garantizara que contaran la historia de la marca. Todo ello con un público difícil de contactar, bastante indiferente a las actividades de marketing, siempre en movimiento y en línea.

Todo esto ha sido posible gracias a la creación de *hungerithm*: un algoritmo de hambre que monitoriza el estado de ánimo de los clientes.

El algoritmo se desarrolló teniendo en cuenta un léxico de 3.000 palabras, analizando más de 14.000 tuits al día.

Cada tuit se reinterpretó como un único punto de datos que capturaba la polaridad, la subjetividad y la intensidad del lenguaje. Al transformar los tuits en puntos de datos, se vio que no era necesario crear una base de datos ni hacer preguntas a los consumidores.

Cada 10 minutos se analizaba un conjunto de datos combinados y, en consecuencia, se asignaba a uno de los diez estados de ánimo diferentes y predefinidos. Cada vez que el sentimiento de un grupo de usuarios estudiados en internet era «*cool*», los Snickers se mantenían a 1,75 dólares australianos. Pero cuando el resultado era «fuera de sí», ¡los precios podían bajar a 0,50 dólares australianos!

Hungerithm funcionó en directo 24 horas al día, 7 días a la semana, durante 5 semanas. La gente podía seguir la tendencia en línea (www.snickers.com.au), solicitar un cupón de Snickers directamente en su teléfono y cobrarlo en una tienda 7-Eleven cercana. Este enfoque de precios dirigidos fue una forma práctica para que Mars se dirigiera a los millennials y aumentó la venta de Snickers en casi un 20 %. Un resultado bastante satisfactorio en la estancada categoría de las barritas de chocolate.

Un segundo buen ejemplo de precios orientados con propósito fue la campaña de la aerolínea holandesa Corendon, que apoyó el movimiento por los derechos de los homosexuales en Rusia durante los XXII Juegos Olímpicos de Invierno en Sochi. La aerolínea ofreció a los pasajeros que apoyaban los derechos de los homosexuales un 50 % de descuento en el precio de los billetes de avión. Estos estaban disponibles durante un mes a precios que oscilaban entre los 399 y los 799 dólares.

La RATP, la empresa francesa de transporte público, ofreció transporte público gratuito o con descuentos en los días de riesgo de *smog*, para luchar contra la contaminación, animando así a los ciudadanos a dejar el coche en casa. La primera oferta la hizo la RATP en respuesta a los peligrosos niveles de contaminación que envolvieron la capital francesa durante días, algo que desgraciadamente se está convirtiendo en algo habitual en muchas ciudades del mundo.

Easy Taxi, una de las aplicaciones de taxi más descargadas del mundo, fundada en Brasil y disponible ahora en 12 países y 170 ciudades, lanzó una iniciativa de precios que preveía la exención de la tasa de reserva de 70 reales para cada pasajera solitaria. El objetivo es animar a las mujeres a seguir utilizando los taxis tras una serie de agresiones físicas por parte de los taxistas a sus pasajeras.

AnchorFree, una empresa de software de Silicon Valley, hizo que Hotspot Shield —su aplicación que protege la privacidad en línea y que cuesta 140 dólares por una suscripción ilimitada— se descargue gratuitamente en Venezuela. La aplicación de la marca de software con sede en Estados Unidos permite a los usuarios del país sudamericano sortear los bloqueos gubernamentales en internet. La oferta surge como respuesta a la creciente censura de internet por parte del gobierno venezolano, estimulada por el aumento de los desórdenes civiles.

De forma mucho menos política pero más social, los cafés y restaurantes han empezado a ofrecer descuentos por sonreír o animar a los clientes a decir: Buenos días, Buenas tardes o Por favor; esto ocurre en el café Petite Syrah de Niza, en la Costa Azul, que ofrece un descuento a los clientes si pronuncian las palabras mágicas «hola» y «por favor».[4] Una taza de café con un *Bonjour* y un *S'il vous plaît* cuesta 1,40 euros (unos 1,50 dólares), mientras que los clientes tienen que desprenderse de casi 4 dólares más si no hacen el saludo, tanto como 8 dólares más si además omiten un mínimo de cortesía socialmente reconocida y se dirigen al camarero secamente, exigiendo «un café».

Hasta ahora nos hemos concentrado en los casos de B2C. Del mismo modo, debemos considerar que las estrategias de precios comprensivos —precios analgésicos, precios compasivos y con propósito— también son ampliamente aplicables en la industria B2B.

La razón es que los compradores de las empresas y los miembros del personal de compras de los gobiernos dependen de una estructura mental profesional, que de alguna manera afectará (tanto positiva como negativamente) a su vida personal. Somos equilibristas. Nuestras vidas se equilibran entre el interior y lo que se ve en el exterior. El centro es lo que conseguimos llevar entre una y otra orilla de un río que no es más que nuestro propio punto de vista sobre las cosas.

La gente tiene el mismo punto de vista escéptico ante las presiones del marketing de las empresas que anuncian productos verdes (a menudo solo superficialmente verdes, lo que explica el término *greenwashing*) o socialmente responsables, sustancialmente la medida de cuán involucrada está la empresa en cuestión. El precio vende, lo que da lugar a la idea de que la fijación de precios sociales desafía a los vendedores (tanto en el mercado de las empresas como en el de los pequeños negocios) a utilizar estrategias innovadoras ya sea para aliviar el dolor, ayudar en momentos de necesidad o sostener a los socios comerciales, todo lo cual puede hacerse de forma flexible y rentable. Es hora de pasar de una lógica conflictiva a una economía colaborativa. Del mero beneficio a un beneficio que tenga en cuenta el macrocosmos, los sistemas, la orientación al cliente, un mercado que se aleja cada vez más de los combustibles fósiles.

El concepto funciona para todos los niveles de ventas, a nivel estatal, regional y local. Y es que, hoy más que nunca, cada estado, región, ciudad e incluso escuela o institución debe enfrentarse a retos únicos. ¡Es hora de dejar atrás la era de los fósiles!

Resumen

Los precios comprensivos pueden marcar la diferencia para los clientes en una serie de situaciones.

La aplicación de estos precios sociales no tiene una repercusión positiva inmediata en el calendario de los objetivos de la empresa, sino que se inscribe en una lógica correcta de rentabilidad a medio y corto plazo.

Tanto en el sector B2C como en el B2B, la fijación de precios comprensivos puede ayudar a mejorar la imagen y la percepción de la empresa, aumentando la confianza en ella. Ofrecer descuentos en el momento adecuado es la prueba más eficaz de que una empresa comprende y se preocupa por sus clientes. Esto se traducirá en una mejora de la imagen de la empresa, (re)ganando una mayor confianza de sus clientes y nuevos y valiosos seguidores de la marca.

A largo plazo, esto, y la posible cobertura positiva de los medios de comunicación, también llevará a un aumento en las ganancias.

Por lo tanto, las empresas deben estudiar detenidamente cómo utilizar los precios sociales.

Podrían explorar la posibilidad de vincularlo a un evento público como un concierto, o quizás a un programa de televisión, un evento deportivo o una fiesta nacional, o tal vez ofrecer un descuento a los clientes cuyo equipo de fútbol haya sido eliminado de un campeonato. O podría vincularse a las evaluaciones del *big data*, que miden las métricas personales, introduciendo descuentos personalizados para endulzar los momentos de la vida.

Los datos generados por los consumidores podrían ayudar a orientar a los clientes que han tenido un mal día y recompensar a los que han conseguido pequeñas victorias.

Imaginemos una aplicación para hacer ejercicio que registre los resultados conseguidos, de modo que, después de que un usuario haya caminado ocho kilómetros, tenga derecho a una rebaja en una bebida energética, o quizás —para seguir en el campo del bienestar —una aplicación que te consiga un descuento en una ensalada saludable si sigues con éxito una dieta.

Aunque algunos pueden ver este escenario como el peor de los casos, un alarmante Gran Hermano que invade la privacidad de todos, los vendedores realmente se están moviendo cada vez más hacia los anuncios y las promociones dirigidas y personalizadas, tanto en las tiendas físicas como en línea.

Es más, la aplicación de esta política de precios en el B2B podría extenderse a más y más campos estratégicos para nuestro futuro, quizás proporcionando mayores descuentos a las empresas que se comprometan a reducir su huella de carbono o a mejorar su ecocompatibilidad y la responsabilidad social de sus negocios.

10

PRECIOS PARTICIPATIVOS

«Si tiene algún valor, la gente pondrá alguna moneda en el plato».
Chris Hufford, mánager de Radiohead

Análisis de caso

Es el comienzo de enero; el inicio del nuevo año y las rebajas se acercan. Una oportunidad para una ganga: ¿pero dónde? Como siempre, los precios, aunque rebajados, los fija el vendedor. Pero supongamos que fuera al revés: que fuera el comprador quien decidiera qué precio pagar.

Everlane, una empresa de moda de San Francisco con puntos de venta en varias ciudades como Nueva York y Boston, pero activa sobre todo en internet, propone regularmente rebajas conocidas como «elige lo que pagas»: es el cliente quien elige cuánto cuestan las cosas.

Sois VOSOTROS, segunda persona del plural, quien en este caso representa, por un lado, un movimiento para acercarse a lo que el cliente quiere; por otro, un canal de comunicación inmediato, en línea con la era de las redes sociales. El formal señor o señora del pasado ha sido (a veces lamentablemente) abolido por la anulación del espacio digital, tecnológico; todos somos accesibles, a un clic de distancia.

En cualquier caso, dejando de lado las relaciones (esenciales) entre las personas, volvamos a las transacciones.

La oferta abarca cientos de artículos, tanto para hombres como para mujeres, desde camisetas de algodón hasta casimires de colores, ropa de lujo y bolsos.[1] Los descuentos varían entre el 20 % y el 60 %.[2]

Dicho esto, ¿cómo funciona este tipo de fijación de precios?

Básicamente, se trata de saber gestionar las expectativas: los clientes no pueden elegir cualquier precio para cualquier prenda, sino principalmente para los productos no vendidos o excedentes. Everlane ofrece a los compradores tres niveles de opciones de precio en determinados días de promoción, por ejemplo el 26 de diciembre de 2021.

Sin embargo, es difícil imaginar a los clientes dispuestos a comprar un producto con un 20 % de descuento cuando podrían tener el mismo con una rebaja del 60 %: la etiqueta pasa la pelota al cliente, que decide cuánto pagar.

En los puntos de venta, Everlane también revela el coste real de cada artículo con extrema transparencia, junto con el precio mostrado de forma tradicional (esto permite que los compradores perciban el precio completo de un artículo, así como el precio relativo de ganga). De este modo, la empresa tranquiliza a sus clientes, entre los que se encuentra Meghan Markle[3]: la impresión que da es la de obtener una ganga, incluso cuando se paga el precio completo fuera de las rebajas. Los clientes se sienten motivados a comprar por la «doble ganga». Desde su propio punto de vista, Everlane consigue mover la mercancía no vendida.

Es un juego en el que todos salen ganando.[4]

«En lugar de ofrecer una venta tradicional, descubrimos que elegir el precio nos ha dado la oportunidad de ser completamente transparentes con nuestros clientes sobre nuestro proceso de inventario y márgenes de beneficio», mantiene el director general y fundador de la empresa, Michael Preysman: «Al ofrecer a nuestros clientes tres opciones, podemos darles una idea real del valor de cada artículo y ayudarles a tomar una decisión informada».[5]

Cuando los clientes se desplazan por los productos, aparecen cuadros emergentes en los que se explica que el precio más bajo equivale al coste de producción más la entrega y que el producto medio incluye estos más los gastos generales. Básicamente, los precios más bajos no producen ninguna ganancia para Everlane.

En cambio, por el precio más alto, la caja explica: «Este precio ayuda a cubrir los costes de producción, entrega y de nuestro equipo, y nos permite invertir en el crecimiento. Gracias».

Los precios normales son unos pocos dólares por encima del precio promocional más alto y alrededor del doble del coste de producción, pero en cualquier caso una fracción del margen de beneficio de la mayoría de sus competidores en los puntos de venta.

Everlane lleva aplicando este enfoque de rentabilización regularmente desde 2015. El director general de la empresa señala que, cuando probaron inicialmente esta fijación de precios, el 10 % de los clientes eligió el precio medio o el más alto y siguen haciéndolo, año tras año.

La conclusión que puede extraerse de esta historia es que la gente —todos nosotros cuando compramos algo— aprecia los precios transparentes.[6]

Las ventas de pago a voluntad representan, por tanto, una oportunidad para construir una relación de confianza con los compradores.

Merece la pena comunicar de forma transparente el impacto de la compra de un cliente en el negocio, en función de lo que haya elegido pagar.

Los compradores apreciarán el hecho de que no solo se les ofrezcan opciones, sino también que no se les haga pagar demasiado por algo.

Cuando se le pregunta de dónde sacaron la idea de ofrecer este modelo de precios, Preysman cita la venta online del álbum *In Rainbows*, de Radiohead, un álbum lanzado en 2007 mediante una especie de modelo de «paga lo que quieras»: «Los resultados [del experimento de la banda] nos parecieron muy interesantes porque pocos oyentes [de pago] pagaron realmente el precio más bajo».

El lanzamiento del álbum fue efectivamente un éxito: de los 1,8 millones de oyentes que descargaron el disco, el 60 % decidió no pagar nada y el 40 % pagó —de media— 2,26 dólares: «En términos de ingresos digitales, ganamos más con este álbum que con todos los anteriores juntos», declaró Thom Yorke, *frontman* de Radiohead, en una entrevista.

Además, una vez que salió en formato físico, las ventas no se vieron afectadas por la venta digital anticipada de pago.

El álbum alcanzó el primer puesto en la clasificación Billboard y vendió 3 millones de copias. [7]

El caso en cuestión fue un éxito porque Radiohead son... ¡Radiohead! ¿Quién puede olvidar el vídeo en el que Johnny Depp y Charlotte Gainsbourg se encuentran en una tienda de discos, ella le mira, él finge no mirarla, se sonríen mutuamente, con *Creep* sonando de fondo, uno de los mayores desgarros que ha dado la música contemporánea?

Al final, dice Radiohead, no hay que esperar a que la felicidad llegue, sino agarrarla, creer en ella, incluso perseguirla. Corre, aunque no sepas hacia dónde. Pero actúa, por el amor de Dios, sal ahí fuera y coge el ascensor de la felicidad.

Por esta y otras razones —el estado de ánimo, la sensación que se transmite de la vida en varios tonos de color— Radiohead tiene fans que están felices de pagar por su música, sus letras y la libertad que solo puede venir de apoyar a la banda y su trabajo.

En resumen, se puede concluir que el modelo «paga lo que quieras» funciona sobre la base de la fidelidad del cliente.

Por lo tanto, las empresas con clientes fieles pueden generar ingresos razonables utilizando este tipo de precios.

Un estudio descubrió incluso que los compradores están más dispuestos a pagar más si conocen al propietario del negocio. [8]

Si, por ejemplo, su base de clientes es especialmente devota de la marca, podría considerar la posibilidad de utilizar el precio de "paga lo que quieras" como estrategia temporal.

De San Francisco a Londres: aquí encontramos al productor de moda de cachemira, London Cashmere Company.

Y aquí también, de forma similar, los clientes pueden elegir cuánto pagar. Los códigos de rebaja se facilitan directamente: «CWYP15», el acrónimo de «elige lo que pagas» del 15 %, y del mismo modo, los códigos alfanuméricos «CWYP25» para la oferta del 25 % y «CWYP35» para el 35 %.[9]

La fijación de precios a voluntad también puede adaptarse para modificar el sentido de la compra y hacer que al cliente le parezca que está comprando no solo un producto, sino también contribuyendo a una determinada idea del mundo.

El 7 de noviembre de 2015, por ejemplo, la cadena de tiendas estadounidense 7-Eleven dejó que sus clientes decidieran cuánto pagar por las bebidas Slurpee, como donación a organizaciones que luchan contra el hambre en el mundo.[10]

Dejar que los clientes decidan cuánto pagar puede sorprendernos si pensamos en los beneficios, como en el caso de Radiohead, pero también puede revelar cuánto aprecian realmente los clientes un producto.

Si, por el contrario, los clientes pagan menos de lo esperado, tenemos, no obstante, un *feedback* único y tal vez haya llegado el momento de revisar la estrategia de marketing.

Análisis del contexto

La fijación de precios participativa[11], que agrupa conceptos que a veces son sinónimos como «pon tu propio precio» o «paga lo que quieras», «elige lo que pagas» o «paga lo que creas que es justo», es un enfoque de la rentabilización en el que los compradores pueden elegir de forma independiente la cantidad a pagar a la empresa que vende un producto o servicio. También se habla de un precio libre. El precio puede empezar siendo totalmente gratuito, de cero euros o en un nivel extremadamente bajo, y aumentar según se desee. A veces, se indica un umbral mínimo o un precio sugerido, para orientar al comprador. En los siguientes casos, veremos algunas ligeras variaciones de este enfoque de la monetización.

Elige lo que pagas (o *paga lo que quieras*)

Una forma avanzada de precios participativos es el modelo «elige lo que pagas» también conocido como paga lo que quieras. Aquí el cliente paga lo que desea —a veces sin que el proveedor pueda decidir si vende a ese precio o no—, otras veces con límites, por ejemplo un precio mínimo.

Este tipo de fijación de precios permite diferenciar los precios teniendo en cuenta la diversidad de los consumidores y, al mismo tiempo, permitir a los compradores ejercer cierto control sobre el precio final de la transacción, participando así en el proceso de fijación del precio.

La fijación de precios participativa, con el mayor control que perciben los compradores, conduce a una compra más intencionada.

El modelo de "elige lo que pagas" atrae cada vez más la atención del mercado.

El importe de una transacción depende de las preferencias sociales en cuanto a un reparto justo del valor entre el cliente y el proveedor. Además, la idea de mantener al proveedor en el mercado a largo plazo también juega un papel importante.

Utilizando este modelo, el zoo Allwetterzoo de Münster (Alemania) realizó varias campañas que le llevaron a quintuplicar el número de visitantes, hasta 76.000 en menos de un mes y a multiplicar por 2,5 el volumen de negocio. [12]

Aunque cada visitante solo gastó una media de 4,76 euros en comparación con 10,53 euros el año anterior, el considerable aumento del número de visitantes compensó con creces el menor precio.

Quizás sea improbable que este tipo de precios sostenga a un zoológico a largo plazo; sin embargo, la policía local de Münster —entusiasmada por el éxito obtenido por sus amigos los animales— desea considerar la introducción de un modelo de este tipo para los humanos, para el pago de multas de tráfico...

Un primer ejemplo de pagar lo que se quiere en el ámbito de la hostelería es el hotel OmHom, un adorable hotelito en las colinas de Cinque Terre (Italia), gestionado por el empresario Luca Palmero. Partiendo de una total transparencia de precios, que pretende ayudar a los huéspedes a tener una visión clara de los costes de gestión del hotel, se sugiere un precio de 200 dólares por noche, de los cuales el 39 % se destina a la mano de obra, el 20 % a proveedores y servicios, el 19 % a servicios como la electricidad, el 17 % a la gestión y el 5 % al marketing. [13] Palmero también propone lo que denomina la «estancia suspendida». [14] Se trata de una idea tomada del *caffè sospeso* (café suspendido) napolitano. En la capital indiscutible del espresso, donde un café en la barra se considera una cuestión de dignidad y un derecho fundamental de todo ciudadano, es práctica común pagar un café extra en beneficio de quien no pueda pagarlo. En la elección de cuánto pagar, Palmero ve así un considerable componente humano.

Un segundo ejemplo es el del hotel IBIS de Singapur, de la cadena francesa Accor. [15]

El modelo también se ha probado para la entrada al Salón de la Paz del histórico Ayuntamiento de Münster. Aquí no hay más visitantes de lo habitual, pero el precio de la entrada fue ligeramente superior al normal. Normalmente, la entrada a la Sala tiene un precio de 2 dólares para los adultos y 1,50 dólares para los niños. Atribuimos la diferencia en los dos experimentos de Münster a los distintos niveles de precios. Por si acaso, podemos informar de que la misma prueba se llevó a cabo en un cine, donde los clientes pagaron mucho menos que los precios habituales, como en el zoo.

El director del teatro Schmidt, en el famoso Reeperbahn de Hamburgo, sigue un plan similar: el público solo paga lo que considera razonable.[16] Incluso los que solo pagan un dólar consiguen una entrada. Lo mismo ocurre en el teatro Schauspielhaus de Zúrich: una vez al mes se paga lo que se quiere hasta que se agotan las localidades y las entradas.[17]

Una serie de casos en los que se aplica el sistema «elige lo que pagas» se encuentran también en el ámbito de la restauración, los bares de vinos, la hostelería o servicios similares. Después de consumir, o al pagar la cuenta, el cliente paga un precio que elige. Los proveedores del servicio se ponen en manos del cliente con respecto al precio. En este caso, puede haber un cierto número de clientes que paguen una suma que cubra los costes pero, al mismo tiempo, habrá otros que se aprovechen de la situación.

A diferencia del zoo o el cine, en estos casos se trata de costes variados que aumentan el riesgo para el proveedor del servicio. He aquí algunos ejemplos.[18]

Der Wiener Deewan, un popular restaurante pakistaní de Viena, sirve un bufé a quien quiera probar la comida pakistaní: el bufé «elige lo que pagas» ofrece cinco platos de curry diferentes, tres opciones vegetarianas y dos con carne. Además, todos los primeros lunes de mes es posible escuchar una *jam session* de música.

En Londres, tras instaurar el sistema «elige lo que pagas» en el restaurante Little Bay en 2009, se consiguió facturar un 20 % más en comparación con el menú de precio fijo; muchos otros locales, como el Galvin at Windows, probaron la misma solución; aquí el precio variaba a discreción del cliente, de 25 a 65 libras por menú.[19]

El Weinerei, un bar de vinos de Berlín, ha introducido una política de «elige lo que pagas» para el vino: después de las 20.00 horas, una copa de vino cuesta 2 euros; además, al pagar esta suma simbólica se adquiere una especie de acceso ilimitado, que permite al cliente beber todo el vino que su hígado sea capaz de procesar. Antes de abandonar el bar, el cliente paga lo que cree que vale el vino consumido.

En Estados Unidos, en Jackson (Tennessee), ComeUnity ofrece en cambio un menú que cambia cada día, sirviendo en su mayoría comida orgánica, de origen local y de temporada, utilizando de nuevo la fórmula de "paga lo que quieras". La misión de ComeUnity es amar, cuidar y dar dignidad. Si el cliente no puede pagar, ComeUnity ofrece la oportunidad de intercambiar una hora de trabajo voluntario por una comida sana y caliente.

También hay cadenas de regalos en EE. UU., India, Malasia, Indonesia, Singapur, Reino Unido, Japón, Francia, España y Dubai, como Karma Kitchen: al final de tu comida en cualquier restaurante Karma Kitchen, recibes un recibo de 0,00 dólares y un mensaje que dice: «Tu comida fue un regalo de alguien que vino antes que tú. Para mantener viva la cadena de regalos, te invitamos a pagar por adelantado por los que vengan después de ti». Los invitados pueden pagar como quieran, en efectivo o con su tiempo.

Burger King ha utilizado el sistema de pago por demanda, pero solo para la hamburguesa whopper y durante un solo día, destinando los ingresos a la beneficencia. [20]

También en el contexto de los juegos de ordenador encontramos el modelo «pon tu propio precio». Desde 2010, *Humble Bundle* ofrece pequeñas colecciones de juegos que pueden adquirirse a un precio fijado por el comprador. [21] Igualmente sucede con el software *bibisco*, diseñado por un italiano para escribir novelas, que sigue el modelo «elige lo que paguas», en el que cree firmemente. [22]

Algunos museos han empezado a seguir el mismo camino: por ejemplo, el museo Red Dot de Essen, que dedica un espacio de 4.000 metros a la exposición de productos que han ganado premios internacionales de diseño, cada viernes permite a los visitantes elegir cuánto pagar. [23]

En la consultoría también está presente este tipo de precios: los consultores belgas Kalepa, especialistas en gestión de experiencias, dejan que sus clientes elijan cuánto pagar por las sesiones que llaman «inspiracionales», siguiendo la filosofía de una de las fundadoras, que en realidad hizo su tesis de investigación sobre el tema de pagar lo que se quiere. [24]

En 2021 se abrió en Escocia, en plena pandemia, la primera librería en la que se paga lo que se quiere. La operación se inspira en una filosofía específica dirigida a quienes detestan el despilfarro pero aman los libros, y por ello creen que deben ser fácilmente accesibles para todos. En este caso, el objetivo es cubrir los costes y no generar beneficios. [25]

Además, en línea, hay librerías virtuales como Open-Books, que en 2016 ya había empezado a permitir a los lectores pagar lo que quisieran por los libros electrónicos, siempre que hubieran leído el libro primero. [26] En este caso, el momento de poner el precio pasa de ser *ex ante* como ocurre normalmente, al inicio de la transacción y antes de la experiencia del consumidor, a nombrar el precio *ex post* y posponer la fijación de precios a una fase posterior a la experiencia del consumidor.

El sistema de elección de lo que se paga *a posteriori* funciona como una señal de calidad para atraer a los lectores que no quieren correr el riesgo de comprar algo que no esté a la altura de sus expectativas.

Incluso en el fútbol hemos experimentado el modelo «elige lo que pagas».

El equipo de la liga canadiense Atlético Ottawa aplicó este tipo de precios en 2021. Para el primer partido en el estadio TD Place de Ottawa, 15.000 aficionados tuvieron la oportunidad de comprar entradas de pago. A partir de 0 dólares, los precios de las entradas se podían incrementar en 5 dólares, y el coste máximo se fijó en 50 dólares por entrada.

Los directivos del Atlético Ottawa revelaron más tarde que el motivo de esta oferta de apertura era ayudar a mitigar algunos de los obstáculos que los miembros de su comunidad podrían haber enfrentado durante el pánico del Covid-19 y permitir a quien lo deseara ir a apoyar al club en sus partidos en casa. [27]

A veces son necesarios unos cuantos dólares extra para llegar a fin de mes entre que se cobra un sueldo y el siguiente. La única opción para quienes tienen problemas para obtener un crédito de los bancos es pedir dinero prestado a un amigo o familiar o solicitar un préstamo con altos intereses. Un nuevo servicio llamado Activehours ofrece una alternativa: te da acceso a tu salario mientras lo estás ganando.

Así es como funciona: los usuarios pueden obtener un anticipo de su próximo salario por las horas que ya han trabajado, hasta 100 dólares al día. ¿Las novedades más importantes? No se cobran intereses ni comisiones, salvo que el solicitante quiera pagar por el servicio.

Activehours se sustenta en lo que se denomina «sugerencia voluntaria» de los usuarios: «Tú decides lo que quieres pagar o lo que te parece justo, e incluso puedes decidir no pagar nada», declaró el fundador de Activehours, Ram Palaniappan: «Hay gente que nos da una contribución constantemente y otros que lo hacen cada tres, cuatro o cinco transacciones. Así que estamos viendo modelos de contribución muy interesantes».[28]

Cuando uno se inscribe en Activehours, proporciona el número de su cuenta actual. Cuando se necesita dinero, basta con remitir una captura de pantalla de una hoja de horas trabajadas: se decide cuánto debe ingresarse en la cuenta y qué contribución autorizar si/en el caso de que; en cierto sentido es un ejemplo clásico de si/entonces.

La aplicación ofrece cinco contribuciones que se sugieren para cada transacción: 0 es siempre la primera opción. Por ejemplo, en un anticipo de 100 dólares las contribuciones sugeridas serían: 0, 3,84, 5,68, 7,89 y 10,99 dólares. Como los préstamos solo se generan durante un corto periodo de tiempo (por ejemplo, una semana), incluso una contribución del 1 % corresponde a un tipo de interés extremadamente alto. Además, cabe suponer que el cliente desea utilizar este servicio de crédito repetidamente y por ello paga la «contribución».

Una de las variantes del modelo «paga lo que quieras» consiste en componentes con precios variables que dependen básicamente del grado de satisfacción del cliente.

Este método se utiliza a veces en la consultoría de gestión. Además de una cuota fija, se puede acordar un componente variable, cuya cuantía la determina el cliente, que evalúa su satisfacción en una escala predefinida. También, en este caso, el proveedor se pone en manos del cliente. Cuando la agencia de consultoría se encuentra ante la alternativa de permitir un descuento incondicional o acordar un componente del precio basado en la satisfacción, es preferible lo segundo.

Las propinas son una variante más del modelo de elegir cuánto pagar. Normalmente, el cliente decide lo que quiere pagar además del precio que se le pide formalmente: es el caso de servicios como la restauración, el corte de pelo o la entrega de mercancías. Sin embargo, también hay sistemas en los que la contribución no es realmente voluntaria. En los restaurantes estadounidenses, por ejemplo, es obligatorio dejar entre un 10 % y un 20 % como gratificación si se quiere evitar reacciones negativas o preguntas del personal. Estas gratificaciones constituyen a menudo la mayor remuneración del camarero en comparación con el salario fijo.

Por último, las donaciones pueden interpretarse como una tercera variante del modelo "paga lo que quieras". En este caso, sin embargo, no es estrictamente correcto hablar de precios porque no les corresponde ninguna contrapartida tangible o reclamable.

Pon tu propio precio

«Pon tu precio» es una estrategia de rentabilización en la que los vendedores permiten a los compradores decidir el precio final que desean pagar por la oferta, pero la transacción solo se realiza si la oferta es igual o superior al precio umbral, que no es revelado por el vendedor.

La transacción funciona de la siguiente manera: los vendedores ponen en la lista los productos con un precio umbral a partir del cual se aceptará la oferta. Este precio umbral no es visible para el comprador. Cuando al comprador le gusta el producto, hace una oferta inicial por él.

El punto de vista del vendedor se basa en la expectativa de que el cliente revele su verdadera disposición a pagar un precio. Y la oferta del comprador es vinculante. El pago se garantiza con un número de tarjeta de crédito o con una domiciliación bancaria.

Si el precio ofrecido por el cliente es igual o superior al precio umbral, la transacción se realiza al precio indicado. Si la oferta es inferior al precio umbral fijado por todos los vendedores, el comprador tiene la oportunidad de actualizar su oferta en las próximas rondas.

En este caso también se trata de una subasta inversa.

En una subasta tradicional, un vendedor ofrece un producto o servicio por el que compiten varios compradores. El comprador que puede pagar el precio tiene la posibilidad de asegurarse el servicio o producto.

En cambio, en una subasta inversa, como sugiere el concepto, se invierten los papeles de comprador y vendedor, es decir, ganan la subasta los vendedores que pueden prestar el servicio al precio indicado por el comprador.

La empresa estadounidense Priceline está considerada como la inventora del modelo «pon tu precio», emulado posteriormente por empresas como Hotwire.

Partiendo de la consideración de que las compañías aéreas vuelan habitualmente con solo dos tercios de sus plazas ocupadas y, por tanto, con millones de asientos vacíos, se preguntaron: ¿qué pasaría si explotáramos internet para orientar la demanda, llenando aviones u hoteles? Supongamos que los clientes pudieran hacer una oferta, su propio precio, en lugar de pagar todo el precio.

Al principio, la respuesta de las aerolíneas fue escéptica: las compañías no querían canibalizar los precios.

En cambio, los fundadores de Hotwire decidieron anticiparse a su escepticismo utilizando la palabra *priceline*, la línea o el punto de precio por debajo del cual no deseaban vender, pero que encontraría suficiente demanda para llenar la capacidad disponible.

En este contexto, también se habla de precios opacos, ya que las empresas venden sus productos a precios más bajos y ocultos.

El cliente objetivo es el que basa su compra principalmente en el precio: los clientes eligen la ruta en la que quieren volar o el lugar y las fechas y (para los hoteles) el número de estrellas.

Después de pagar, el sitio web revela los horarios de los vuelos, la compañía aérea y las posibles escalas, o el nombre del hotel, pero no se permiten reembolsos, modificaciones ni cancelaciones.

Según el sitio web de priceline.com, «El servicio «Pon tu precio» aprovecha la flexibilidad de los compradores, permitiendo a los vendedores aceptar un precio más bajo para vender su exceso de capacidad sin dañar sus canales de distribución existentes o sus estructuras de precios al por menor».

En la actualidad, este enfoque de la rentabilización se encuentra principalmente en el ámbito de la música.

Así es como Michael Stipe, el famoso cantante del grupo R.E.M., que se disolvió en 2011, empezó a ofrecer temas a sus fans siguiendo este enfoque de precios: por ejemplo, propuso un paquete relacionado con el tema *Drive to the Ocean,* que relanzaba ocho elementos que incluían el vídeo oficial, fotos, imágenes de fondo para PC y tabletas, así como la letra de la canción, pidiendo a los melómanos que pagaran lo que quisieran, a partir de 0,77 céntimos. [29]

Bandcamp, un servicio web en el que músicos y grupos venden su música a los fans, permite a quienes pretenden descargarse los temas poner su propio precio al comprar la música; del mismo modo, el grupo tiene la posibilidad de fijar precios mínimos por la música producida y los compradores pueden pagar el extra que deseen. [30]

La accesibilidad económica es uno de los principales problemas que sigue afectando a la industria de la confección, y por eso Garmentory se ha propuesto modificar el sector. Garmentory es un mercado virtual que vende artículos de diseño y de boutiques contemporáneas. También permite a los clientes sugerir su propio precio. [31]

La iniciativa ha creado un nuevo espacio en el que los nuevos diseñadores pueden interactuar directamente con los clientes y estos pueden obtener un nuevo traje de diseño a un precio con el que se sienten cómodos.

La conocida marca Gap también siguió este enfoque para vender prendas de vestir a través de una campaña promocional bautizada como *Gap My Price,* [32] en la cual hace un juego de palabras con su marca para reducir la brecha en el precio.

Otro caso significativo es el de eBay con su mejor oferta, que permite al comprador ofrecer al vendedor un precio que está dispuesto a pagar por el objeto. El vendedor puede aceptar, rechazar o responder proponiendo un precio diferente. [33]

En cualquier caso, el modelo «Pon tu precio» no ha tenido el éxito esperado inicialmente: muchos clientes han hecho ofertas irrealmente bajas sin generar volumen de negocio.

Priceline sigue existiendo, pero con un modelo de negocio diferente. Hoy en día la empresa forma parte de los líderes del mercado de viajes online Booking Holidays, un gran actor en el sector, que obtuvo unos 7.000 millones de dólares en ventas en 2020 (y, antes de la pandemia, más de 15.000 millones en 2019 [34]) con una cotización de 95.000 millones en bolsa. [35] El mayor accionista es booking.com, que se originó en los Países Bajos. El modelo "pon tu precio" solo contribuye en menor medida al volumen de negocio y ha sido sustituido por Express Deals, [36] es decir, ofertas en las que Priceline garantiza el precio más bajo del mercado; en caso contrario, el cliente tiene derecho a un reembolso del 200 % de la diferencia de precio. Este modelo se utiliza esencialmente para comercializar los productos no vendidos, se ofrece a los consumidores que son extremadamente sensibles al precio y están dispuestos a soportar inconvenientes como repetidos cambios de vuelo por un precio especialmente bajo.

A pesar de su interesante potencial a la hora de revelar la disposición de los clientes a pagar los precios, este modelo no ha respondido hasta ahora a las expectativas, aunque esto no descarta su regreso en el futuro ni su idoneidad para el marketing.

Resumen

La fijación de precios participativa es un enfoque de rentabilización en el que los compradores pueden elegir de forma independiente la suma que pagarán a una empresa que vende un producto o servicio. El precio puede empezar siendo gratuito, de cero dólares o desde un nivel muy bajo, y aumentar según se desee.

A veces se indica un umbral de precio mínimo o un precio sugerido para orientar al comprador.

En el modelo de elegir lo que se paga, también conocido como "paga lo que quieras", las empresas dejan que los consumidores decidan los precios por sí mismos, renunciando así a lo que tradicionalmente es una prerrogativa central de la dirección para gestionar un negocio rentable.

Las organizaciones sin ánimo de lucro han utilizado esta opción durante mucho tiempo para atraer a una amplia base de clientes, pero recientemente muchas empresas con ánimo de lucro han adoptado con éxito el pago por demanda para una amplia gama de productos y servicios, como libros digitales, auriculares, álbumes de música, derechos de autor, servicios de asistencia posventa, restaurantes e incluso servicios de consultoría empresarial.

El reciente pico de popularidad se debe a los beneficios que se extienden más allá de la penetración en el mercado, como los precios promocionales a corto plazo, los precios para reducir la piratería o la agrupación con donaciones dirigidas a los usuarios.

El procedimiento «Pon tu precio» es un procedimiento en el que, desde el punto de vista del vendedor, se espera que el cliente revele su verdadera voluntad de pagar un precio. El precio ofrecido por el cliente es vinculante. El pago se garantiza facilitando un número de tarjeta de crédito o mediante domiciliación bancaria. En cuanto la oferta del cliente supera un precio mínimo que solo conoce el proveedor, el cliente gana el contrato y paga el precio ofrecido.

Hay una diferencia básica entre los modelos de «pague lo que quiera» y «pon tu precio». En este último caso, es el vendedor quien decide aceptar o rechazar el precio ofrecido por el cliente. En el sistema de "pague lo que quiera", el consumo y el uso son anteriores al pago. O bien el cliente paga lo que quiere por adelantado, por ejemplo en la entrada.

La gran pregunta a la que responden estos modelos de precios es, en la práctica, indirectamente retórica: ¿por qué habría de pagar un cliente si no está obligado a hacerlo?

Pues bien, muchos casos y ejemplos demuestran que la gente paga aunque no esté obligada.

Detrás de este razonamiento hay un amplio campo de pensamiento, una necesidad inherente de ser justo. Entender y aplicar esta lógica es, por tanto, esencial para introducir con éxito los precios participativos en la empresa.

Dejar que los clientes decidan cuánto pagar puede resultar una sorpresa en términos de ganancias, como en el caso de Radiohead, pero también puede revelar cuánto aprecian realmente los clientes el producto ofrecido.

Si, entonces, los clientes pagan menos de lo esperado, el mensaje, aunque negativo, será igualmente importante: ¡quizá ha llegado el momento de revisar nuestra estrategia de marketing!

11

NEUROPRICING

> «*Tu cerebro toma decisiones hasta diez segundos antes de que seas consciente de ello*».
>
> JOHN-DYLAN HAYNES

Análisis de caso

El sueño de todo directivo: subir los precios y que los clientes estén más contentos con un precio más alto que cuando pagaban menos.

Gracias al uso de *Neuropricing*, este sueño se hizo realidad en el pueblo turístico Weissenhaeuser Strand, en el Mar Báltico. En este pueblo es posible elegir alojamiento en un apartamento o en un hotel, dentro de una amplia instalación recreativa.

«Muchas empresas pierden ingresos y beneficios sin darse cuenta», esta es la creencia de David Depenau, director del complejo turístico. [1] Antes, la villa turística ofrecía precios demasiado bajos y (aparentemente) los huéspedes no se sentían a gusto con ese nivel de precios. Especialmente en temporada alta, en verano, los clientes percibían los precios como demasiado bajos. Pero, a pesar de ello, la media rondaba los 200 dólares diarios. Aun así, era demasiado poco para una clientela que buscaba unas vacaciones relajadas y de calidad, como ahora sabe Depenau.

«Sentirse a gusto» son palabras a tener en cuenta.

Actualmente, en el momento de escribir esto, la villa turística obtiene un millón más de facturación y beneficios en comparación con sus ingresos anteriores, antes de que se revisaran los precios.

Depenau alquila un total de 1.200 apartamentos. El aumento se tradujo enseguida en mayores beneficios, sin perder clientes ni dejarlos insatisfechos. El propio director considera esta actitud «casi perversa», pero está dispuesto a hablar abiertamente de ella.

Al final, dice, todos están satisfechos. Él lo está, pero también sus clientes. Ahora están mucho más satisfechos que antes, según ha descubierto Depenau. Una encuesta muestra que se sienten mejor desde que el gerente subió los precios. Además, en verano, la capacidad de la villa turística está completamente agotada.

¿Cómo fue posible aumentar los precios y al mismo tiempo la satisfacción de los clientes?

Depenau indica que las inversiones para modernizar el pueblo han apoyado sin duda el aumento de los precios, pero que sin el *neuropricing* nada habría tenido sentido, y mucho menos el aumento.

¿Y qué es el *neuropricing?*

Este grado de satisfacción —diría Aldous Huxley— se debe a que existen diferentes niveles de percepción de la realidad. Básicamente, el mundo no existe, sino nuestra forma de verlo.

Y, en lo que respecta a la perspectiva correcta para observar, analicemos más detenidamente este modelo de precios.

Para llevar a cabo un estudio como este, es posible contar con expertos en neuromarketing como Kai-Markus Müller: la herramienta más importante de Müller para descubrir cuánto está realmente dispuesto a pagar un cliente se encuentra en su laboratorio.

Se utiliza una especie de gorro de natación perforado. Una vez colocado en la cabeza, uno de los asistentes de Müller conecta los electrodos. El gel en el cuero cabelludo hace que las mediciones sean más precisas.

Parece un poco un experimento de un científico loco, el de *Regreso al Futuro* por ejemplo, pero entonces, ¿qué es la ciencia, sino una plétora de experimentos, pruebas, ensayos y errores?

Según Müller, en cualquier caso, la gente no hace o compra lo que dice querer.

Sin embargo, lo que los clientes comprarían realmente, y a qué precio, lo revelan sus ondas cerebrales; en el sentido estricto del término, no es eso lo que mide Müller, sino las fluctuaciones de tensión en la pared superior del cuero cabelludo, mediante un EEG-electroencefalograma.

En una pantalla, se puede ver que las fluctuaciones de tensión se mueven hacia arriba y hacia abajo. Cada electrodo tiene un ancho de banda codificado y un color. Los pensamientos son clasificados con un tono; a cada emoción se le asocia un matiz, un lema cromático. Se trata de ver el mundo de acuerdo con lo que somos. ¿De qué color somos? En cada instante eso cambia (nosotros).

Müller también ha probado los productos de Starbucks planteando algunas preguntas sencillas a una muestra de clientes: por ejemplo, ¿cuánto pagaría por un café solo, en un vaso de papel pequeño? En estos estudios, se muestra a los clientes cada dos segundos los posibles precios que se cobran por el producto. Basándose en *big data* y algoritmos de aprendizaje automático, el EEG revela para cada cosa si el precio asociado a un producto es un precio óptimo. El cerebro de la persona que se somete a la prueba no puede mentir: con el EEG fue posible identificar los precios óptimos de Starbucks.

El descubrimiento sorpresa: Starbucks es realmente caro, pero la gente está dispuesta a pagar aún más. Basándose en el estudio, la cadena decidió aumentar el precio de un café negro pequeño de 1,80 dólares a 1,95 dólares, sin que se note ningún descenso en su facturación.

Entonces, ¿qué es el coste, el tiempo, cuánto «cuesta» un dólar, cuál es el valor de un descanso en un bar, con el ventilador girando por encima de ti, dar solo diez minutos de silencio antes del trabajo, una risa con los amigos, un vaso de agua justo antes de una entrevista de trabajo, los rayos de polvo flotando desde la gran ventana central?

Otro caso ejemplar es el de la división de Pepsi, que quería saber cómo cambiarían las ventas si el precio de una bolsa de patatas fritas en Turquía aumentara 0,25 liras turcas.

Un estudio de mercado de clientes mostró una caída del 33 % en las ventas.

La encuesta basada en el método de *neuropricing* y realizada en paralelo a la tradicional, previó, en cambio, una caída del 9 %.

Una vez subido el precio, la caída real fue de solo un 7 %. El estudio de *neuropricing* mantiene a las personas involucradas en la tarea del precio, haciéndose la pregunta: ¿barato o caro? «Cuanto más tiempo tarden los entrevistados en responder caro/barato, mejor: más se corresponde el precio indicado con sus percepciones», explica Müller. [2] Sobre la base de estos conocimientos, Müller ha desarrollado una herramienta escalable denominada *NeuroPricing Online*, que se utiliza cuando se prueban numerosos productos, grupos objetivos, mercados o variaciones de productos.

Los escáneres cerebrales permiten descubrir de forma sorprendente que el mejor precio es a menudo más alto de lo que suponen los productores o los minoristas. «La ansiedad del vendedor por el precio es a menudo más aguda que la del comprador», concluye Müller. Y lo mismo ocurre con David Depenau. Ambos saben, además, que no se puede exagerar con los precios. De lo contrario, las ventas se desploman, así como la imagen (la percepción del cliente, su reputación) y sus márgenes de beneficio: «Es como estar al borde de un acantilado con vistas al mar», resume Depenau la sensación de vértigo, el riesgo de la belleza: «Si das un paso de más, te caes».

Análisis del contexto

¿Se pueden tomar realmente decisiones viscerales e incluso resultar «correctas»? De nuevo, ¿se puede realmente romper el corazón o seguir el instinto que dicta tu cuerpo?

Por amor a la poesía, a la gente le gusta atribuir emociones, ideas o acciones a determinadas partes del cuerpo.

La neurociencia o la investigación sobre el cerebro demuestran lo contrario.

Todas las decisiones, los pensamientos y el contenido de nuestra memoria consisten en modelos de actividad e interconexiones que se desarrollan a través de los más de 100.000 millones de neuronas y células nerviosas, todas ellas situadas dentro de los infinitos confines de un único órgano: el cerebro.

El conocido investigador Manfred Spitzer no ha sido el último en hacer pública la noción de que «Tú eres tu cerebro». Y en lo que respecta a las opciones relacionadas con la fijación de precios, si el cerebro de un comprador potencial es el órgano decisivo, para el marketing y la fijación de precios (en particular) resulta esencial identificar qué productos generan entusiasmo en el cerebro del consumidor y a qué precio el cerebro del comprador registra, o registraría, la señal de aprobación de la compra de estos productos.

Todo esto podría parecer demasiado matemático si no fuera porque en la Universidad de Stanford (California) Brian Knutson y sus colegas han estudiado algunas de estas cuestiones con la ayuda de escáneres cerebrales de resonancia magnética funcional (fMRI).

El método permite determinar qué zonas del cerebro se activan en función de la información recibida.

En el escáner cerebral, los voluntarios se enfrentan a auténticas decisiones de compra.

Como primera prueba, utilizando un espejo, Knutson y su equipo proyectan la imagen de un producto en el escáner. Cuanto más les gusta a las personas sometidas a la prueba el producto que se acaba de mostrar, más sangre se suministra a una zona del cerebro llamada *nucleus accumbens*.

Es interesante señalar que la actividad del *nucleus accumbens* suele tener lugar cuando el cerebro espera una recompensa, por lo que esta parte del cerebro se considera parte del sistema de retroalimentación positiva del mismo.

Unos segundos después, se muestra brevemente el precio debajo del producto.

Por último, los participantes en la prueba tenían que decidir si compraban el producto o no.

Si el precio era inferior a la máxima disposición a pagar del participante, la actividad aumentaba en el área cerebral del córtex prefrontal medio, que se cree que forma parte del sistema de toma de decisiones del cerebro.

Si, por el contrario, el precio estaba por encima de la máxima disposición a pagar del sujeto, el córtex prefrontal medio estaba menos activo. En este caso, los científicos midieron una mayor actividad en el área cerebral de la ínsula, un área asociada habitualmente a la percepción del dolor, entre otras emociones básicas.

Los investigadores han llegado a la conclusión de que los productos deseables evocan una recompensa y que los precios altos provocan sentimientos similares al dolor, en este caso hablando del dolor de pagar. [3]

Lo que parece tener cierta importancia para el marketing es que Brian Knutson y sus colegas han podido utilizar los resultados de los escáneres cerebrales para predecir una decisión de compra real de los participantes en la investigación con el escáner cerebral.

La capacidad de previsión de los datos del escáner era mucho mejor que la de una encuesta tradicional. Este descubrimiento puede ponerse en práctica. Los algoritmos de análisis del escáner cerebral por electroencefalograma permiten medir la máxima disposición a pagar directamente a través de la actividad cerebral.

La ventaja de los escáneres cerebrales EEG y fMRI es que el cerebro no miente. Los problemas típicos de la investigación de mercado clásica mediante cuestionarios, como los prejuicios subconscientes, la dificultad de expresar los sentimientos con palabras o el engaño deliberado, se eluden elegantemente al medir al cerebro directamente.

A continuación veremos una serie de características vinculadas a la función cerebral en relación con los precios y sus implicaciones para la gestión de los mismos.

Los precios bajos no arruinan por sí solos los márgenes de beneficio

La erosión de los precios perjudica mucho más que el margen de beneficio. Es un *karst* diferencial, un poderoso proceso de socavación que tiene muy poco que ver con la simple compra y mucho más con la cosa que se compra y en base a qué percepción, para gratificar qué tipo de vacío/trauma/carencia o, por el contrario, deseo/ímpetu/felicidad (admitiendo que haya alguien que conozca el número atómico de esta última).

Si hay que dar crédito a las encuestas tradicionales, lo que la mayoría de los consumidores piden son precios bajos. Pero la psicología humana nos juega una mala pasada en este caso (de hecho, «Dios no juega a los dados» reza el famoso comentario de Albert Einstein a su amigo Niel Bohr) y ciertamente las fuerzas del mercado no lo comprenden todo.

Las asociaciones de consumidores, que creen firmemente en la protección del consumidor frente a las empresas que presuntamente inflan los precios, no siempre están del lado de la justicia.

La relación entre el precio y el bienestar es muy compleja. Por supuesto, la calidad influye en el precio. Pero es sorprendente comprobar que este efecto tan conocido también se produce a la inversa. Es decir, el precio también influye en la calidad.

Dos estudios de renombre internacional demuestran claramente el efecto de los precios: el célebre economista del comportamiento Dan Ariely distribuyó presuntos analgésicos, en su mayoría simples placebos, a los participantes en su estudio. A la mitad de los participantes en la prueba se les dio un folleto en el que se explicaba que el medicamento en cuestión era un analgésico recientemente aprobado que costaba

2,50 dólares la dosis. A la otra mitad de los sujetos se les dijo, en cambio, que el medicamento costaba apenas 10 céntimos.

A continuación, los participantes recibieron una leve descarga eléctrica y se registraron sus reacciones a la supuesta droga: se consideró que el efecto de la más cara era significativamente mejor que el de la más barata, aunque no había diferencias entre ellas.

La neuroeconomista Hilke Plassmann fue aún más lejos en otro estudio: la investigadora hizo que los participantes en su investigación participaran en la cata de vinos, analizando las reacciones del cerebro con la ayuda de un escáner cerebral.

En la prueba de Plassmann, el mismo vino se presentó como una botella de 10 dólares en un caso y como una de 90 dólares en el otro.

Según los participantes, el vino más caro sabía el doble de bien. Y no solo eso: el escáner cerebral mostró que las zonas del cerebro asociadas a los sentimientos positivos se activaban con más fuerza en el caso del vino más caro que en el declarado más barato.

¿Cuestión de predisposición? ¿O de expectativas? ¿O de nuevo un prejuicio subconsciente proyectado sobre un objeto?

Como siempre, se mantiene la sabiduría de los refranes populares: «Lo que no cuesta nada es bueno para nada».

Los precios bajos no solo son perjudiciales para la rentabilidad de la empresa, como muestran los resultados de Ariely y Plassmann, sino que también influyen negativamente en la sensación de calidad para los consumidores.

Unos precios más elevados conllevan un mayor beneficio, pero también una mayor satisfacción y, en definitiva, una mejor calidad de vida: esta es la conclusión que deben tener en cuenta las empresas a la hora de sopesar si deben modificar sus precios y cómo hacerlo.

Tiempo y precio

El cerebro es impaciente.

En teoría, esperamos que los seres humanos tomen decisiones racionales cuando, por ejemplo, se les pregunta si prefieren pájaro en mano o ciento volando.

A nivel racional y abstracto, tiene sentido optar por lo que ofrece más valor.

Del mismo modo, esperaríamos que un trabajador prefiriera invertir su dinero en fondos de pensiones para asegurarse una vejez digna, en lugar de gastar todo su dinero en productos de consumo y vacaciones, llegando así a la edad de jubilación sin ahorros; o que un estudiante prefiriera dos comidas gratis dentro de dos semanas, en lugar de una comida gratis hoy.

En una investigación empírica se ofreció a los participantes la posibilidad de elegir entre tres tipos de recompensa: una más limitada pero inmediata, otra mayor pero más lejana en el tiempo.

La gran mayoría decidió aceptar un cupón de 10 dólares válido inmediatamente en lugar de un cupón de 100 dólares válido dentro de dos meses.

Incluso cuando se enfrentaron a la opción de ganar 100 dólares inmediatamente o 200 dentro de 3 años, la mayoría de los participantes eligieron la oferta inmediata.

Una recompensa a corto plazo genera, obviamente, una imagen de lo que se puede comprar inmediatamente, lo que hace que la opción (inferior en términos de valor pero disponible antes) sea mucho más atractiva.

Por eso mucha gente prefiere consumir hoy en lugar de ahorrar para su vejez: desde un punto de vista psicológico, esto tiene que ver con el miedo a la muerte, a la enfermedad, con nuestra tendencia natural a evitar o escapar de las consecuencias mortales de estar vivos.

Probablemente, también es una de las razones por las que se cancelan varias pólizas de seguro antes de que se materialicen los beneficios a largo plazo o sea posible reclamar la prima.

Desde el punto de vista del *neuropricing*, esto implica que la promoción vinculada a las ventajas inmediatas para el cliente tiene más probabilidades de provocar la aceptación del precio exigido, en lugar de, por ejemplo, la acumulación de puntos que pueden transformarse en rebajas o productos gratuitos una vez que se haya totalizado un número suficiente de puntos.

Cuando pagar causa dolor

Se ha demostrado que el precio de un producto se pondera en la parte del cerebro que percibe el dolor. Así, tanto el precio como el pago podrían ser asimilados en el cerebro con un impulso cerebral negativo. Uno de los aspectos más interesantes de esta función es que la intensidad de la sensación negativa no depende tanto de la suma absoluta como del beneficio derivado de la compra.

Supongamos que hemos estimado 200.000 dólares para la compra de un apartamento en proceso de construcción que, sin embargo, aún no ha sido amueblado.

Más personalización, nos dirá el constructor, significa mayores costes.

Si, antes de que nos entreguen las llaves, el precio ha subido un 25 % —debido a todos los gastos adicionales para acondicionar la cocina, el salón, el baño y el dormitorio—, el dolor será bastante limitado si el apartamento está a la altura de nuestras expectativas.

A la inversa, supongamos que pedimos una hamburguesa en un bar de sándwiches por solo 5 dólares pero que, tras una extenuante espera y un hambre creciente, al primer bocado se produce una decepción instantánea; es decir, la hamburguesa —eufemísticamente hablando— no nos satisface en absoluto. El efecto inmediato en términos comparativos será el siguiente: el dolor causado por este (pequeño) desembolso será mucho mayor que el que sentimos en relación con los 50.000 dólares de más por el mobiliario que no se había incluido en el presupuesto, pero que se unen a nuestra completa satisfacción cuando nos sentamos con una cerveza fría y un poco de jazz, y miramos a nuestro alrededor el bonito apartamento que hemos conseguido construir, envuelto en el silencio, con las luces de la ciudad muy por debajo de nosotros. Sonreímos para nosotros mismos: ¡Salud!

Así, el dolor proviene de la sensación de pérdida y no de la suma de factores.

La razón es que los mecanismos cerebrales equilibran las emociones positivas y negativas. Así, la alegría de entrar en un piso nuevo amueblado a nuestro gusto domina sobre otras emociones: todo parece «positivo», veremos el vaso medio lleno con los muebles que compramos en oferta, gracias a las rebajas accesibles a través de los constructores, por ejemplo las del baño o la cocina.

En el caso de la hamburguesa, en cambio, debido a nuestra hambre, nuestras expectativas eran altas y, además, estaban relacionadas con una necesidad primaria: ya estábamos anticipando el sabor de una suculenta hamburguesa y la espera parecía reforzar nuestras expectativas de un festín para el paladar. El precio de 5 dólares también parecía bastante «justo». Y, en cambio, tras el primer bocado, la anticipación se descompone y la decepción ante ese bocado hace que la emoción positiva se transforme en su opuesto exacto y decididamente negativo, ya que el centro del dolor del cerebro se activa y se refuerza con pensamientos como «¿Realmente he pagado por esta basura?». No es una pregunta existencial, sino eminentemente cotidiana.

Es más, el recuerdo de esta mala experiencia no va a desaparecer pronto y ese bar de bocadillos se evitará para siempre.

El «dolor» del pago es, por tanto, más fuerte cuando el precio se percibe como injusto.

Volviendo al caso del nuevo apartamento, un mes después de la mudanza, ya te has acostumbrado a la nueva cocina y al súper baño, así como al agradable mobiliario, y todo se resume en un hábitat normal y agradable, el hábitat donde vivimos, comemos (no hamburguesas), amamos, sonreímos e invitamos a nuestros amigos más queridos. El entusiasmo inicial ha pasado, es cierto, pero también el recuerdo del desembolso extra.

El camarero del bar de bocadillos, por su parte, podría haber notado la expresión de disgusto del cliente, a no ser que sus comidas se entreguen a domicilio. Tras el primer bocado, si se hubiera dado cuenta de la decepción del cliente, podría haber tomado medidas para modificar la percepción negativa y, lo que es más, duradera.

Si hubiera ofrecido rápidamente otra hamburguesa gratis o quizás algún otro alimento, habría reducido sustancialmente el dolor percibido por el cliente. El cliente habría percibido un excelente servicio y probablemente habría seguido siendo un cliente fiel. Todo esto son condicionales y, si lo pensamos detenidamente, todos nuestros días son así: fruto de las encrucijadas, a la izquierda o a la derecha, me doy cuenta del desajuste, actúo y lo corrijo; no me doy cuenta y esa percepción se queda para siempre en la memoria. Incepción, campos semánticos y puertas correderas. La mente es un mundo interior (nuestro) que habita en el entorno.

Nos corresponde llenar lo que definimos como exterior, dejando que surjan las necesidades y actuando luego sobre ese límite, esa maravillosa y única frontera-territorio que nos une al mundo.

Una amplia oferta inhibe la compra

Entre (demasiadas) alternativas conflictivas, la no elección predomina: nuestro cerebro detiene el instinto de compra cuando la elección es demasiado amplia.

Así lo demostró un experimento realizado en un supermercado californiano[4] en el que se presentaron a los clientes 24 tipos diferentes de mermeladas Wilkin & Sons.

El objetivo era observar el comportamiento de compra y ver si, tras haber probado una variedad de mermeladas, los clientes compraban la que consideraban más sabrosa.

El interés por probar las diferentes mermeladas no se hizo esperar y varios clientes se detuvieron a degustarlas en un rincón especial del supermercado. Sin embargo, de todos los que probaron las mermeladas, solo un limitado 3 % decidió comprar alguna.

Cuando se realizó el mismo experimento con solo seis tipos diferentes de mermelada, el resultado fue claro: aunque la mercancía expuesta era menos atractiva, alrededor de un tercio de los catadores decidieron comprar. Un aumento considerable: ¡del 3 al 33 %!

Una de las explicaciones se encuentra en el subconsciente del cliente. Ante una amplia oferta, experimenta una complejidad que aumenta su percepción del riesgo de elegir mal, de modo que desiste de la compra.

Si, por el contrario, se reduce la posibilidad de elegir, la decisión parece menos compleja y, por lo tanto, no tan arriesgada en cuanto a la posibilidad de equivocarse, de modo que las defensas de los clientes disminuyen a favor de la compra.

El contexto influye en la percepción del precio

El contexto tiene un impacto considerable tanto en la percepción del precio como en la disposición a pagar. Es fácil observar que durante las vacaciones o las compras del fin de semana el dinero se gasta (por la mayoría de los compradores) mucho más libremente que cuando se hace la compra semanal para las necesidades cotidianas.

Nos adaptamos al contexto «excepcional» en el que nos encontramos y en estos casos compramos sin prestar excesiva atención a los precios. Así, nos encontramos con consumidores que en su compra semanal en el supermercado comparan los precios de los distintos tipos de pasta expuestos, eligiendo quizás la marca propia de la tienda y ahorrando 10 o 20 céntimos, mientras que los mismos compradores cuidadosos, en vacaciones o en el restaurante, pedirán un vino especial y bastante caro sin ni siquiera comprobar su precio.

Por lo tanto, la tarea del vendedor experto es establecer el contexto del proceso de compra para aumentar la disposición del cliente potencial a pagar y relegar la percepción del precio a un segundo plano, independientemente de lo que se venda y dónde.

Las decisiones viscerales tienen lugar en la cabeza

Con la difusión de las tabletas y los teléfonos inteligentes cada vez hay más información a mano. Pero, en nuestro caso, esto complica la elección. Para evaluar los precios, tanto en el contexto profesional como en el privado, hay algunas reglas heurísticas que pueden aplicarse, es decir, métodos para simplificar el proceso de decisión, que pueden ahorrarnos tiempo.

Se pueden distinguir dos metodologías importantes.

La primera es la heurística del reconocimiento: en la elección entre dos elementos, ya sean productos o servicios, la elección se orienta siempre hacia lo que es reconocido, lo que es similar a algo con lo que tenemos cierta familiaridad.

La segunda es la heurística de la predisposición y se basa, en cambio, en la predisposición o frecuencia de experiencias que nos vienen a la mente. Es el equivalente a una inferencia estadística intuitiva, pero utilizando como muestras los recuerdos que tenemos almacenados de nuestra experiencia.

La esencia de la heurística del reconocimiento es encontrar algo familiar, una especie de «magdalena de Proust». No sirve de nada pensar específicamente en determinados atributos de los nuevos productos ni conocerlos, sino que nos bastará con estar familiarizados con otro producto genérico o con la marca que lo lanzó al mercado, para decidirnos a comprarlo. Así, por ejemplo, si el consumidor está familiarizado con los chocolates Ferrero, tenderá a comprar un nuevo producto de este fabricante antes que uno nuevo de su competidor Lindt.

El mecanismo de la heurística de la predisposición se basa, en cambio, en la evidencia que guía la compra: al observar lo que compran la mayoría de los demás consumidores, ya existe una pauta que, de alguna manera, es entendida por el comprador como una sugerencia a la que atenerse: a veces basta con seguir a otro comprador que parezca especialmente astuto o, por alguna razón, parezca conocer lo que está de moda, ver lo que pone en su carrito del supermercado y elegir el mismo producto. O puede inclinarse por el producto que un amigo, un pariente o una figura de autoridad, o bien —como nos dicen las nuevas fronteras del marketing social— un *influencer*, podría haber comprado.

Las empresas que pretenden beneficiarse de la máxima predisposición a pagar tienen una ventaja si captan las elecciones heurísticas de sus clientes: así pueden orientar la información y las ofertas de manera que promuevan la compra de sus productos.

Resumen

Las neurociencias —en particular el *neuropricing*— ayudan a entender los nuevos y futuros modelos de compra humana, ya sean conscientes o subconscientes.

El *neuropricing* ayuda a las empresas a descifrar los motivos subconscientes que subyacen a las decisiones de compra de los clientes.

Las estrategias de precios correspondientes se optimizan para aumentar las ventas, mejorar la aceptación o comunicar la calidad de un producto.

Los algoritmos de análisis a partir de escáneres cerebrales mediante EEG permiten medir la máxima disposición a pagar directamente a partir de la actividad cerebral. La ventaja de ciertas técnicas, como el EEG y la fMRI, radica en que, a diferencia de nosotros, nuestra actividad cerebral no miente.

Los problemas típicos de la investigación de mercado clásica mediante cuestionarios —así como los prejuicios subconscientes, la dificultad para expresar sentimientos o el autoengaño, más que la autocomprensión, o la construcción de referencias a partir de la información— pueden obviarse mediante la medición directa de los procesos cerebrales. Teniendo en cuenta una serie de características relacionadas con el funcionamiento del cerebro en relación con los precios y las implicaciones que tienen para la gestión de los mismos, las empresas pueden optimizar sus precios y orientar las elecciones de sus clientes actuales y futuros.

PARTE III
CÓMO GANAR

12

TENER ÉXITO CON LOS NUEVOS MODELOS DE FIJACIÓN DE PRECIOS

«Los clientes no compran productos, sino el valor que perciben».

Peter Drucker

Análisis de caso

Formas parte de una empresa sana que lleva 30 años creciendo. Facturación: 4.000 millones de dólares. Margen de beneficios, casi el 20 %. Tienes una gama de productos reconocida y apreciada internacionalmente. Es la ambición y el objetivo de la mayoría de los empresarios y directivos. Un sueño.

Y entonces… un día te despiertas como si estuvieras atrapado en una pesadilla: la alta dirección anuncia que el modelo de ingresos va a cambiar por completo. A partir de mañana, los productos no se venderán como hasta ahora. A partir de mañana se introduce un nuevo modelo de rentabilización, desconocido para la mayoría, que pone en riesgo todas las certezas adquiridas durante treinta años de duro trabajo y sacrificio.

Pero *la vida es lo que sucede mientras estás ocupado haciendo otros planes*. Ocurre lo inesperado: una vez que el modelo de ingresos se ha puesto patas arriba, la empresa vuelve a arrancar y crece aún más, y de forma más rentable, que antes.

Todo esto le ocurrió a Adobe en San José, California. Cuando se piensa en historias de éxito en el campo de las suscripciones, el llamado sistema de «software como servicio (SaaS)», las primeras empresas que vienen a la mente son LinkedIn, SalesForce, Zendesk. Pero no Adobe. Y no es así: de hecho, esta empresa de software, famosa por productos como Photoshop, PostScript y Acrobat, es una de las pioneras más exitosas en este frente.

El año 2013 marcó su transición de un modelo de venta basado en el producto a un modelo de suscripción.

Tradicionalmente, Adobe vendía su software de diseño y publicación en forma de productos físicos, empaquetados y distribuidos con una licencia perpetua, en la que los clientes pagaban una sola vez y luego utilizaban el software durante un periodo de tiempo indeterminado. El modelo también era rentable y Adobe obtenía un margen de beneficio neto del 19 %. Pero este modelo de negocio inflexible también tenía algunas desventajas.

No permitía a la empresa establecer una relación permanente con los clientes, ni tampoco actualizar el software. Por ello, impedía a Adobe ofrecer un flujo constante de innovaciones y mejoras y, con ellas, la posibilidad de generar un flujo constante de ingresos.

La solución llegó en forma de un cambio radical hacia Adobe Creative Cloud, un modelo de suscripción basado en servicios en la nube, que sustituyó al antiguo modelo de discos y licencias: al utilizar la nube, los clientes reciben frecuentes actualizaciones de software, así como una serie de nuevos servicios en línea. El enfoque de la rentabilización cambió de una compra única de 1.800 dólares a una suscripción de 50 dólares al mes por todo el paquete de Creative Cloud (o 19 dólares al mes por una sola aplicación).

Apoyado por una campaña de comunicación masiva, el cambio resultó ser un enorme éxito. La capitalización de mercado de Adobe ascendía a 22.500 millones de dólares cuando lanzaron el nuevo modelo en 2013. En 2021 había aumentado a más de 269.000 millones de dólares, con un volumen de negocio anual de 16.000 millones.

Cómo tener éxito con los nuevos modelos de ingresos

Para hacer frente a los cambios, hay que anticiparse a los tiempos y convertirnos nosotros mismos en parte del cambio. El hilo conductor de este libro, la pregunta a la que pretendemos dar respuesta, es ¿cómo pueden transformarse nuestros propios modelos de ingresos y nuestra organización para obtener una ventaja (sobre todo en un periodo que ya se encuentra en plena transición social y económica radical)?

Intentemos poner un poco de orden en todo esto, resumiendo lo que hemos visto hasta ahora y concentrándonos en unos pocos y claros pasajes que explican la próxima revolución del modelo de fijación de precios.

Tener éxito con los nuevos enfoques de rentabilización significa obtener respuestas claras a tres preguntas clave:

1. *¿Qué valor percibe mi cliente?*
   Una vez identificadas las necesidades del cliente —este es siempre el mejor punto de partida—, comprender las fuentes de valor de un producto ayuda a sacar conclusiones sobre lo que puede rentabilizarse, también desde el punto de vista de un modelo de ingresos.

2. *¿Cómo debe establecerse el enfoque de la fijación de precios?*
   Hay que definir la nueva forma de rentabilización (se pueden estudiar los ejemplos prácticos tratados, para buscar puntos fuertes

o débiles similares, así como características específicas, en tu propia empresa), con el objetivo de captar plenamente el valor percibido.

3. *¿Cómo se inicia el cambio de modelo de ingresos de la empresa?*
Pasar de los conceptos a los hechos: hay que superar las dudas y las resistencias, y el «haber vendido siempre de una determinada manera» debe cambiar a una urgencia por cambiar.

Veamos ahora un análisis específico de los motores individuales del cambio.

1. Identificar el valor percibido

¿Qué valor percibe mi cliente? Esta pregunta debería ser siempre el punto de partida de cualquier razonamiento sobre fijación de precios.

Damos por sentado que cualquier empresa que pretenda prosperar es capaz de generar valor: a menos que perciban valor, los clientes no estarían dispuestos a pagar. Por otra parte, la empresa debe ser capaz de cosechar ese valor mediante modelos de precios innovadores.

Como hemos visto, pagar por las lavadoras, motores, medicinas, álbumes de música o representaciones teatrales es, en muchos contextos, cosa del pasado.

El modelo basado en el intercambio de propiedades es cualquier cosa menos óptimo y no permite aprovechar todo el valor suministrado a los clientes.

Hoy sabemos que la necesidad «real» es tener una vajilla limpia y brillante, no la propiedad del lavavajilla que la hace posible. Al igual que la necesidad real son las horas de vuelo que me llevan a un lugar determinado, ¡no la propiedad del motor del avión que me lleva a mi destino!

El progreso tecnológico descrito en el primer capítulo ha provocado un cambio radical en las formas de rentabilización. Para las empresas esto significa una combinación de posibilidades de nuevas prioridades estratégicas: entender cómo el cliente utiliza nuestros productos y verificar su rendimiento real.

Gracias a la tecnología moderna es posible rastrear el uso de los productos, conocer el contexto y las aplicaciones en las que se utilizan y sentar así las bases para cuantificar la solución ofrecida y el valor vinculado a ella.

2. Configuración de la nueva rentabilización

¿Cómo debe configurarse la nueva rentabilización?

Una vez identificado el valor percibido, y con él elementos como la forma en que el cliente utiliza el producto o el momento en que lo utiliza, pasamos a la definición del nuevo modelo de rentabilización para realizar plenamente su valor percibido.

El objetivo debe ser captar clientes, eliminando todas las barreras de compra. Hoy en día, la propiedad —el eje de los modelos de ingresos del pasado— es considerada por muchos clientes como la principal barrera para la compra: el coste para obtener la propiedad de un producto puede considerarse excesivo o puede existir el temor de que este coste no sea proporcional al uso que se hace de él.

Pero las empresas tienen a su alcance una serie de opciones para superar estos obstáculos y animar a los clientes a realizar una compra. En los capítulos anteriores hemos examinado las 10 principales opciones para ofrecer modelos de precios innovadores. Entre los enfoques de fijación de precios hemos visto que algunos modelos se basan en el reparto del precio, en el desembolso o en el disfrute del uso de un servicio, ampliando así la base de clientes que acceden a nuestros productos y/o servicios (conscientes de que, en cualquier caso, con el modelo tradicional de «propiedad», los clientes no habrían llegado a comprar).

Al rastrear el uso, las empresas desglosan los elementos de valor del producto, al tiempo que lo hacen más digerible (y asequible) para los clientes. Esto ocurre, por ejemplo, al proporcionar una plataforma de acceso para varios clientes o cuando el vendedor pone todo el producto a disposición de los clientes, pidiéndoles que paguen solo por el uso.

3. Cambiar el modelo de ingresos

¿Cómo cambiar el modelo de ingresos de una empresa? Para tener éxito en el contexto competitivo actual, hay que plantearse una pregunta básica: ¿mi enfoque de rentabilización sigue siendo adecuado para garantizar los beneficios y el crecimiento de mi empresa o es necesario un nuevo modelo de ingresos?

El punto de partida para encontrar la respuesta a esta pregunta es un análisis del tipo de modelo de ingresos existente, para asegurarse de que es capaz de aprovechar al máximo la disposición del cliente a pagar

Las empresas de éxito analizan varias opciones de modelos de ingresos, a veces también probando nuevas formas de rentabilización, para ver si es necesario evolucionar y de qué manera los precios aplicados y los productos o servicios vendidos por la empresa.

En ocasiones, estas evaluaciones pueden llevar a la coexistencia de varios modelos que a corto plazo pueden causar conflictos dentro de la organización, mientras que a medio plazo pueden permitir orientar mejor a varios segmentos de clientes, creando también ventajas competitivas.

Esto es lo que ocurrió en HP, donde el modelo de ingresos evolucionó con el lanzamiento de una oferta de suscripción llamada *Instant Ink*.[1] Antes, solo se podía acceder a la tinta para las impresoras mediante un modelo transaccional que implicaba que la propiedad pasaba de HP al cliente con todos los problemas relacionados con la dificultad de anticipar el momento en que se agota la tinta y comienza la búsqueda de un nuevo cartucho. Con *Instant Ink*, en cambio, se puede acceder a un servicio de entrega automática que entrega los cartuchos directamente en tu domicilio.

HP supervisa los niveles de tinta cuando la impresora está activa y conectada a la red: la impresora identifica así los niveles de tinta y pide automáticamente los nuevos cartuchos a HP antes de que la tinta se agote por completo. El riesgo de quedarse sin tinta, con las consiguientes molestias, queda resuelto de una vez por todas. Una vez registrado en el servicio, ya no será necesario comprar los cartuchos de recarga en los comercios.

Son cosas pequeñas y cotidianas, pero importantes en cuanto a nuestro bien más preciado: el tiempo.

Y este es el valor que ofrece al cliente un modelo de ingresos que ya no está ligado a la venta del cartucho, sino al número de páginas impresas en un determinado periodo de tiempo.

Tras su lanzamiento en 2013, en 2022 el número de suscriptores había superado los 10 millones de usuarios: un claro éxito del nuevo modelo de ingresos, que corre parejo al tradicional en el que se compran cartuchos.

Por un lado, HP ha conseguido dar a sus clientes más posibilidades de elección, lo que permite —gracias al nuevo modelo de ingresos— ganar nuevas cuotas de mercado satisfaciendo la demanda latente. Por otro lado, a corto plazo, HP probablemente ha canibalizado parte de sus ventas de cartuchos, creando nuevas tensiones tanto en su propia fuerza de ventas como en los minoristas, que ya no son los intermediarios de la venta directa.

Las decisiones sobre la forma de un modelo de ingresos dependen del valor creado para los clientes, del contexto competitivo y de la velocidad a la que una organización es capaz de evolucionar hacia la nueva forma de generar beneficios. La principal clave del éxito en este sentido es hasta qué punto nuestra organización consigue superar la resistencia al cambio.

Lecciones sobre el cambio de la forma de rentabilización

Hay mucho que aprender del caso de Adobe, sobre cómo introducir con éxito un nuevo modelo de ingresos y revolucionar la oferta de una empresa.

Sin embargo, esta transición no se produjo de un día para otro: Adobe tenía casi 30 años de experiencia, clientes a los que mantener contentos y usuarios a los que convencer. En consecuencia, la revolución se preparó cuidadosamente mediante un eficaz replanteamiento del modelo de negocio. A continuación, la empresa puso en marcha el proceso que finalmente le permitió convertirse en un claro líder en la economía de la suscripción.

He aquí seis lecciones que pueden extraerse de ese cambio de modelo de ingresos.

1. **Formular una visión clara con objetivos tangibles**

   La alta dirección de Adobe tenía una visión clara: el modelo tradicional basado en la propiedad se convertiría en un lastre para el crecimiento. En el futuro había que preferir el acceso del cliente a las innovaciones del producto. Por ello, Adobe creó una nueva serie de métricas para su servicio de suscripción, dio instrucciones a los interesados y cumplió sus promesas. Su objetivo era conseguir 4 millones de suscriptores en 2015 y aumentar los ingresos anuales recurrentes. Según su director financiero, Mark Garrett, estos hitos captaron el interés de los inversores en los objetivos a largo plazo de la empresa.[2] A su vez, contribuyeron a dejar claro que el SaaS era el futuro de Adobe.

2. **Persevera en tu camino**

   La transición de Adobe al nuevo modelo de ingresos no fue recibida con entusiasmo. Al contrario: 30.000 clientes de Adobe firmaron una petición en Change.org pidiendo a Adobe que abandonara el cambio hacia el SaaS. Fue una reacción extrema, teniendo en cuenta que Change.org es una plataforma de peticiones sobre causas sociales. Sin embargo, los altos directivos seguían firmemente convencidos de que el cambio a SaaS les permitiría ofrecer un producto mejor, más fácil de actualizar, más rápido y más seguro, además de poder mejorarlo regularmente. El modelo SaaS también se estableció como una forma de ampliar la base de clientes y, en consecuencia, el flujo de caja. Y, así, Adobe tomó su decisión y la mantuvo hasta el final. No desistieron ni se detuvieron ante los obstáculos. Un claro ejemplo de la fuerza de sus propias convicciones.

3. No forzar la transición ni tomar a los clientes por sorpresa

El SaaS Adobe Creative Cloud de Adobe se lanzó originalmente en abril. Su primera versión de suscripción ofrecía a los clientes sus servicios, junto con el software tradicional para su compra, una opción que no se retiró hasta 2017.

Durante los cinco años en que coexistieron las ofertas, el servicio de suscripción estuvo disponible en varias versiones, antes de convertirse en la única opción para los usuarios. La empresa actuó de manera que nada de la transición fuera una sorpresa. Ya en noviembre de 2011 anunciaron sus intenciones a sus interesados. Poco después, Adobe empezó a preparar a los usuarios para la retirada de su (ahora) antigua Creative Suite, anunciando formalmente en mayo de 2013 que dejaría de desarrollar la línea de productos Creative Suite (aunque seguiría dándole soporte).

4. Comunicarse de forma proactiva tanto con los accionistas como con los usuarios

Al comienzo de la transición al modelo de suscripción, Adobe publicó una carta abierta a los usuarios, abriendo un diálogo sobre los cambios que se avecinaban. Su dirección sabía que sin la aceptación de sus fieles clientes no sería posible cambiar de forma eficaz al nuevo modelo basado en la suscripción. Como empresa que cotiza en bolsa, también reconocieron que, además de su base de clientes, sus *stakeholders*, es decir las partes involucradas, necesitarían una explicación detallada y una co-municación continua a lo largo del proceso.

5. **Considerar todos los aspectos del cambio y prepararse para adaptarte continuamente**

Adobe consideró el nuevo servicio como un producto totalmen-te innovador o, lo que es lo mismo, como la auténtica experien-cia digital de sus productos.

Según Garrett: «El cambio a la nube influyó en la forma en que diseñamos los productos, las operaciones, la salida al merca-do y los modelos empresariales»[3]. Adobe vio sus productos y las funciones conectadas como un ciclo de vida real (incluidos los procesos de marketing, los análisis, la publicidad y el comercio). En otras palabras, Adobe dejó de aferrarse al *statu quo* de inten-tar cambiar lo menos posible. Por el contrario, vieron el cambio a SaaS como una forma de reinventar y reintroducir productos y ofertas.

Dado que Creative Cloud estaba destinado a prestar servi-cios a una serie de clientes, desde particulares hasta grandes em-presas, al principio los autónomos y los aficionados en particular estaban descontentos con la estructura de precios: «Adobe está estafando a las pequeñas empresas, a los autónomos y al consu-midor medio. Parece que no se dan cuenta de que no todas las empresas son multinacionales multimillonarias con recursos in-finitos», decía la petición.

La reacción no pasó desapercibida. La empresa escuchó las quejas de este subgrupo de usuarios y, en respuesta, introdujo una versión más económica solo para fotografía, que incluía va-riaciones en Photoshop y Lightroom. También en este caso, al no oponerse, sino escuchar y relacionarse con los usuarios, el paso resultó enormemente popular. En resumen, Adobe consi-deró su transición a SaaS como una transformación a gran escala de la empresa. Y, como la mayoría de las transformaciones empresariales con éxito, esto llevó tiempo, incorporó la retroalimentación de las partes interesadas y se logró mediante una progresión constante hacia los nuevos objetivos.

6. Seguir creando valor

Adobe aceptó los retos de sus clientes y los transformó en oportunidades de valor añadido. Según Garrett: «Para cualquier empresa que avanza hacia un nuevo modelo de ingresos, hay que proporcionar un valor continuo al cliente y crear fuentes de valor nuevas y antes inexistentes que no existían en el antiguo modelo. No puedes limitarte a vender la antigua oferta de una manera diferente».[4] Los productos en la nube de Adobe fueron capaces de atraer a nuevos consumidores y también de mantener a muchos de sus clientes actuales.

Resumen final

Un modelo de precios adecuado es uno de los elementos más importantes para garantizar el éxito de la empresa. Si se establece satisfactoriamente, permitirá que la empresa prospere. Si, por el contrario, no está bien gestionado, puede llevar incluso a la quiebra a toda la empresa.

En la rentabilización, la excelencia va mucho más allá de la gestión óptima de los precios individuales de los productos de una cartera. Una rentabilización adecuada implica la alineación de la estrategia, los objetivos, el posicionamiento, y también la gobernanza, las herramientas y todos los procesos que afectan a la cultura de la empresa (que al final se expresa en el modelo de ingresos que, a su vez, se traduce en precios).

Por lo tanto, para tener éxito con los modelos de ingresos es esencial responder a estas tres preguntas clave:

1. ¿Qué valor percibe mi cliente?
2. ¿Cómo debe establecerse el enfoque de la rentabilización?
3. ¿Cómo se va a iniciar el cambio de modelo de ingresos en la empresa?

Para tener éxito en el cambio de su modelo, una empresa debe atesorar estas seis lecciones relativas al cambio de modelo de ingresos:

1. Formular una visión clara con objetivos tangibles;
2. Perseverar en su camino;
3. No forzar la transición ni tomar a los clientes por sorpresa;
4. Comunicarse de forma proactiva tanto con los accionistas como con los usuarios;
5. Considerar todos los aspectos del cambio y prepararse para adaptarse continuamente;
6. Seguir creando valor.

La evolución del modelo de ingresos, que hemos definido como *Pricing Revolution,* es uno de los retos clave del futuro próximo. ¿Y tú? ¿Estás preparado para el cambio?

AGRADECIMIENTOS

Me siento muy afortunado de trabajar en temas de precios y rentabilización que son innovadores y de relevancia estratégica. También me siento privilegiado por poder trabajar con empresas e inversores de todos los sectores y zonas geográficas para ayudarles a prepararse para el futuro y crear estrategias que les permitan crecer de forma rentable. Este trabajo de asesoramiento me permite aprender cada día, y un libro como este no habría sido posible sin él.

Me gustaría dar las gracias a los numerosos directivos que me han ayudado a llegar hasta donde estoy hoy, a todas las grandes personas de las empresas con las que he trabajado que han confiado en mí para que les ayudara y que, a cambio, me han aportado muchos conocimientos y experiencias nuevas. También debo dar las gracias a todos los que han compartido sus ideas conmigo y me han permitido recopilar y citar estudios de casos, así como concretar ejemplos de innovaciones exitosas en el ámbito de la fijación de precios. Me gustaría expresarles mi más sincera gratitud. También tengo la suerte de conocer personalmente a muchos de los principales pensadores, expertos en fijación de precios y líderes del pensamiento empresarial, y espero que todos sepan lo mucho que valoro sus aportaciones y nuestros intercambios.

También me gustaría dar las gracias a los apasionados de la rentabilización, a los profesionales, a los directores generales, a los asesores y a los compañeros de batalla por los enriquecedores debates y las profundas inmersiones en todos los aspectos de la fijación de precios (por orden de sus contribuciones): Kilian Fleisch, Philip Kotler, Silvia Cifre-Wibrow, Thorsten Lips, Ineke Wessendorf, Francesco Quartuccio, Gábor Ádám, Haarjeev Kandhari, Benjamin Schwarzer, Kai-Markus Müller, Benjamin Grether, Mátyás Markovics, Mauro Garofalo, Patricia Hampton, Markus Czauderna, Anna van Keßel, Helmut Ahr, Axel Borcherding, Ralf Gaydoul, Ueli Teuscher, Giovanni Battista Vacchi, Thomas Ingelfinger, Vittorio Bertazzoni, Christoph Berens von Rautenfeld, Alessandro Piccinini, Frank Göller, Alf Neugebauer, Luigi Colavolpe, Dietmar Voggenreiter, Paolo De Angeli y Simone Dominici.

Me gustaría agradecer a mi equipo editorial y de publicación toda su ayuda y apoyo. Llevar cualquier libro de la idea a la publicación es un esfuerzo de equipo y realmente aprecio su aportación y ayuda. Gracias Annie Knight, Debbie Schindlar, Corissa Hollenbeck y Laura Cooksley por haber apoyado con entusiasmo este proyecto editorial desde el principio.

Mi mayor reconocimiento es para mi mujer, Babette, y nuestros tres hijos, Natalie, Sebastián y Marilena, por darme la inspiración, la motivación y el espacio para hacer lo que me gusta: aprender y compartir ideas que ayuden a las empresas a crecer y prosperar.

NOTAS

Capítulo 1

1. Fuente: Horváth (2022). https://www.horvath-partners.com/en/?hcc=es-us

2. Fuente: Horváth (2022). https://www.horvath-partners.com/en/?hcc=es-us

3. Fuente: Horváth (2022). https://www.horvath-partners.com/en/?hcc=es-us

Capítulo 2

1. Pago por lavado de Winterhalter (2022). https://www.pay-per-wash.biz/uk_en/ (consultado el 3 de enero de 2022).

2. https://www.kaercher.com/de/professional/digitale-loesungen.html (consultado el 11 de febrero de 2022).

3. Constine, J. (2017). Gym-as-you-go. https://techcrunch.com/2017/12/03/gym-as-you-go/ (consultado el 10 de octubre de 2021).

4. O'Malley, K. (2020). 16 de los mejores gimnasios de pago, perfectos para los fóbicos del ejercicio. Elle, 30 de septiembre. https://www.elle.com/uk/life-and-culture/culture/a31007/best-pay-as-you-go-gym/

5. Página web de Metromile (2022): «Con Metromile, su tarifa se basa en sus hábitos reales de conducción. Nuestros clientes ahorran un 47 % de media en comparación con lo que pagaban a su anterior aseguradora». https://www.metromile.com/ (consultado el 3 de enero de 2022).

6. Sitio web de Michelin (2022). https://business.michelinman.com/freight-transportation/freight-transportation-services/michelin-fleet-solutions (consultado el 3 de enero de 2022).

7. Página web de Michelin (2022): «Michelin lleva mucho tiempo vendiendo kilómetros, aterrizajes y toneladas transportadas en lugar de neumáticos. Todas estas soluciones se basan en sistemas integrados de control de la presión que se utilizan para optimizar el mantenimiento preventivo y minimizar el tiempo de inactividad del vehículo. La ventaja de este modelo de negocio es que los clientes solo pagan por lo que utilizan, lo que hace que la movilidad sea más accesible y eficiente». https://www.michelin.com/en/sustainable-development-mobility/working-towards-sustainable-mobility/more-accessible-mobility/ (consultado el 3 de enero de 2022).

8. Sitio web de Rolls Royce (2022). https://www.rolls-royce.com/media/our-stories/discover/2017/totalcare.aspx (consultado el 11 de febrero de 2022).

9. Página web de Zipcar (2022). https://www.zipcar.com/en-gb/daily-hourly-car-hire (consultado el 11 de febrero de 2022).

10. Sitio web de Atlas Copco (2022). https://www.atlascopco.com/content/dam/atlas-copco/compressor-technique/compressor-technique-service/documents/2935%200173%20_airplalan_leaflet_en_lr.pdf (consultado el 11 de febrero de 2022).

11. Visnjic, I. y Leten, R. (2021). *Atlas Copco: De la venta de compresores a la prestación de aire comprimido como servicio.* Documento de trabajo de ESADE 275, 16 de febrero.

12. https://samoa.un.org/en/130272-food-aplenty-poor-nutrition-undermines-good-health-samoans

Capítulo 3

1. Sitio web de Heidelberg (2022). https://www.heidelberg.com/global/en/services_and_consumables/print_site_contracts_1/subscription_agreements/subscription_1.jsp (consultado el 1 de enero de 2022).

2. Müller, E. (2019). Die Netflix industrie, *Manager Magazin*, julio, pp. 94-97.

3. Sitio web de Gartner (2022). https://www.gartner.com/en/newsroom/press-releases/2021-04-21-gartner-forecasts-worldwide-public cloud-end-user-spending-to-grow-23-percent-in-2021 (consultado el 3 de enero de 2022).

4. Sitio web de Justfab (2022). https://www.justfab.com/how-it-works (consultado el 2 de enero de 2022).

5. Para una visión general de las suscripciones relativas a los animales de compañía, consulte https://hellosub-scription.com/best-fresh-dog-food-subscription-boxes/

6. Entrevista realizada por el autor al director general de Zenises, Haarjeev Kandhari, en enero de 2022.

7. Horváth Research, enero de 2022.

8. Horváth Research, enero de 2022.

9. Sitio web de Barilla (2022). https://smart.cucinabarilla.it/pages/come-funziona (consultado el 1 de enero de 2022).

10. Hoy el programa ha sido rebautizado como Porsche Drive y el enfoque también ha cambiado, https://customer.drive.porsche.com/germany/en

11. Horváth Research, enero de 2022.

12. Sitio web de BMW (2022). https://www.bmwnews.it/bmw-intelligent-personal-assistant-hey-bmw (consultado el 4 de enero de 2022).

13. https://www.bloomberg.com/press-releases/2019-01-22/mann-hummel-partners-with-sierra-wireless-to-provide-predictive-maintenance-in-industrial-and-agricultural-vehicle-fleets

14. Sitio web de Vissmann (2022). https://www.viessmann.de/de/wohngebae-ude/viessmann-waerme.html (consultado el 4 de enero de 2022).

Capítulo 4

1. Christensen, M.C. (2006). What customers want from your products. *Harvard Business Review*, 16 de enero.

2. Logan, B. (2014). Pay-per-laugh: The comedy club that charges punters having fun. *The Guardian*, 14 de octubre.

3. Google Ads (2022). https://ads.google.com/home/#:~:text=Grow%20 your%20business%20with%20Google,or%20calls%20to%20your%20 business (consultado el 20 de febrero de 2022).

4. Google Ads (2022). https://support.google.com/google-ads/ answer/7528254?hl=en (consultado el 11 de febrero de 2022).

5. Alphabet Inc. (2020). Informe anual, pp. 33-34, 66.

6. Enercon (2021). www.enercom.de/en/home (consultado el 20 de octubre de 2021).

7. Atlas del futuro (2022). https://atlasofthefuture.org/project/pay-per-lux/ (consultado el 2 de enero de 2022).

8. Roche (2022). https://live.roche-dot-com-staging.cwp.roche.com/about/ sustainability/access-to-healthcare/pricing (consultado el 3 de enero de 2022).

9. Bryant, M. (2018). GE, Medtronic among those linking with hospitals for value-based care, *Healthcare Dive*, 29 de marzo.

10. Ídem anterior.

Capítulo 5

1. Traducido libremente del diccionario Treccani.

2. Thaler, Richard (1983). La teoría de la utilidad de las transacciones. En: *Advances in Consumer Research*, Vol. 10 (ed. Richard P. Bagozzi y Alice M. Tybout), 229-232. Ann Arbor, MI: Association for Consumer Research. Kahneman, Daniel y Tversky, Amos (1979). *Prospect theory: An analysis of decision under risk. Econometrica* 47: 263-291. Thaler, Richard (1982). *Using mental accounting in a theory of purchasing behavior.* Cornell University, Graduate School of Business and Public Administration working paper.

3. Ariely, Dan (2010). *Predictably Irrational.* Nueva York: Harper Collins.

4. Ariely, Dan (2010). *Predictably Irrational.* Nueva York: Harper Collins. Cortesía de Horváth.

5. Los acabados en 99 suelen estar vinculados a productos de oferta. Los productos más exclusivos o de primera calidad seguirían un enfoque diferente, sin posicionamiento de venta.

6. Waber, Rebecca L., Shiv, Baba, Carmon, Ziv y Ariely, Dan (2008). Características comerciales del placebo y la eficacia terapéutica. *Journal of the American Medical Association* 299: 1016-1017.

7. Gabler, Colin B. y Reynolds, Kristy E. (2013). Comprar ahora o comprar después: El efecto de la escasez y los descuentos en las decisiones de compra. *Journal of Marketing Theory & Practice* 21 (4): 441-456.

8. Lowry, James R., Charles, Thomas A. y Lane, Judy A. (2005). Una comparación del valor percibido entre una rebaja porcentual y una rebaja monetaria. *Marketing Management* 15 (1): 140-148.

9. Tversky, Amos y Kahneman, Daniel (1981). The framing of decisions and the psychology of choice. *Science* 211 (4481): 453.

10. Wathieu, Luc, Muthukrishnan, A.V. y Bronnenberg, Bart J. (2004). The asymmetric effect of discount retraction on subsequent choice. *Journal of Consumer Research* 31 (3): 652-657.

11. Monroe, K.B. y Lee, A.Y. (1999). Recordar frente a saber: Issues in buyers' processing of price information. *Journal of the Academy of Marketing Science* 27 (2): 207-225.

12. Coulter, K.S. y Coulter, R.A. (2005). Size does matter: The effects of magnitude representation congruency on price perceptions and purchase likelihood. *Journal of Consumer Psychology* 15 (1): 64-76.

13. Chaiken, S. (1980). Heuristic versus systematic information processing and the use of source versus message cues in persuasion. *Journal of Personality and Social Psychology* 39 (5): 752-766.

14. Puccinelli, N.M., Chandrashekaran, R., Grewal, D. y Suri, R. (2013). ¿Los hombres son seducidos por el rojo? El efecto de los precios rojos frente

a los negros en la percepción de los precios. *Journal of Retailing 89 (2): 115-125.*

15. Meyers-Levy, J. y Maheswaran, D. (1991). Exploración de las diferencias en las estrategias de procesamiento de hombres y mujeres. *Journal of Consumer Research* 18 (1): 63-70.

16. Anderson, E.T. y Simester, D.I. (2003). Efectos de los finales de precio de 9 dólares en las ventas al por menor: Evidence from field experiments. *Quantitative Marketing and Economics* 1 (1): 93-110.

17. Inman, J.J., McAlister, L. y Hoyer, W.D. (1990). Señal de promoción: ¿Sustitución de una rebaja de precios? *Journal of Consumer Research* 17 (1): 74-81.

Capítulo 6

1. Dahlenberg, A. (2014). Travis Kalanick's take-no-prisoners startup strategy in 9 quotes. *The Business Journals*, 5 de noviembre. https://www.bizjournals.com/bizjournals/news/2014/11/05/travis-kalanicks-take-no-prisoners-startup.html

2. Shoemaker, S. (2010). Personalización del precio. En: *International Encyclopedia of Hospitality Management* (ed. A. Pizam), 2nd edn, p. 511. Oxford: Elsevier.

3. Metha, N., Detroja, P. y Agashe, A. (2018). Amazon cambia los precios de sus productos aproximadamente cada 10 minutos: aquí se explica cómo y por qué lo hace. *Business Insider*, 10 de agosto. https://www.businessinsider.com/amazon-price-changes-2018-8

4. https://www.focus.de/finanzen/news/studie-zeigt-preisschwankungen-bei-amazon-um-bis-zu-240-prozent_id_4503019.html

5. https://www.finanzen.net/nachricht/geld-karriere-lifestyle/dynamic-pricing-gleiches-produkt-unterschiedliche-preise-bei-amazon-co-von-dynamic-pricing-profitieren-9153753

6. https://www.businessinsider.com/amazon-price-changes-2018-8

7. La propia Uber lo explica abiertamente: «Los precios dinámicos nos ayudan a asegurarnos de que siempre hay suficientes conductores para atender todas las solicitudes de viaje, de modo que puedas conseguir un viaje de forma rápida y sencilla — si tú y tus amigos hacéis el viaje o os quedáis fuera de la oleada depende de ti». https://help.uber.com/riders/article/why-are-prices-higher-than-normal---?nodeId=34212e8b-d69a-4d8a-a923-095d3075b487

8. Bhuiyan, J. (2015). Uber está sentando las bases para los viajes perpetuos en San Francisco. BuzzFeed News, 24 de agosto. https://www.buzzfeednews.com/article/johanabhuiyan/uber-is-laying-the-groundwork-for-perpetual-rides-in-san-fra

9. Uber Pool: https://www.uber.com/gb/en/ride/uberpool/

10. Uber cities: https://www.uber.com/global/en/cities/

11. Cross, R.G. (1997). *Revenue Management: Hardcore Tactics for Market Domination.* Nueva York: Broadway Books.

12. Dütschke, Elisabeth, y Paetz, Alexandra-Gwyn (2013). Precios dinámicos de la electricidad: ¿qué programas prefieren los consumidores? *Energy Policy* 59: 226-234.

13. https://www.businessinsider.com/amazon-price-changes-2018-8

14. Horváth Research (2022).

15. Richards, Timothy J., Liaukonyte, Jura y Streletskaya, Nadia A. (2016). Personalized pricing and price fairness. *International Journal of Industrial Organization* 44: 138-153.

16. Amaldoss, Wilfred, y Chuan He (2019). El encanto de los precios basados en el comportamiento: Efectos de la valoración del producto, la dependencia de la referencia y el coste de cambio. *Journal of Marketing Research* 56 (5): 767-790.

17. Chen, Yuxin, y Zhang, Z.J. (2009). Dynamic targeted pricing with strategic consumers. *International Journal of Industrial Organization* 27 (1): 43-50.

18. Feinberg, Fred M., Krishna, Aradhna y Zhang, Z.J. (2002). ¿Nos importa lo que reciben los demás? A behaviorist approach to targeted promotions. *Journal of Marketing Research* 39 (3): 277-291.

19. Bradlow, Eric T., Gangwar, Manish, Kopalle, Praveen K. y Voleti, Sudhir (2017). El papel de los big data y la analítica predictiva en el retailing. *Journal of Retailing 93 (1): 79-95.*

20. Amaldoss, Wilfred, y Chuan He (2019). El encanto de los precios basados en el comportamiento: Efectos de la valoración del producto, la dependencia de la referencia y el coste de cambio. *Journal of Marketing Research* 56 (5): 767-790.

21. Cheng, Hsing K. y Dogan, Kutsal (2008). Customer-centric marketing with Internet coupons. *Decision Support Systems* 44 (3): 606-620.

22. Liu, Yunchuan y Zhang, Z.J. (2006). Los beneficios de los precios personalizados en un canal. *Marketing Science* 25 (1): 97-105.

23. Cheng, Hsing K. y Dogan, Kutsal (2008). Customer-centric marketing with Internet coupons. *Decision Support Systems* 44 (3): 606-620.

24. Sitio web corporativo de Conrad (2022). https://www.conrad.de/de/p/lenovo-thinkcentre-m93p-10a8-desktop-pc-refurbished-sehr-gut-intel-core-i5-4570-8-gb-500-gb-hdd-intel-hd-graphics-1889505.html (consultado el 1 de enero de 2022).

25. Sahay, Arvind (2007). How to reap up profits with dynamic pricing. *MIT Sloan Management Review* 48 (4): 53-60.

26. https://sloanreview.mit.edu/article/how-to-reap-higher-profits-with-dynamic-pricing/

27. Zatta, Danilo (2016). *Revenue Management in Manufacturing*. Springer.

28. https://www.michaeleisen.org/blog/?p=358

Capítulo 7

1. Sitio web de Orsay: https://world.orsay.com/de-de/company-information/aboutUs/about-us-company-main/

2. https://blueyonder.com/knowledge-center/collateral/orsay-case-study

3. Die Preismaschine; Künstliche Intelligenz gegen menschliches Bauchgefühl: Wie Daten helfen, höhere Margen zu erzielen, Penner abzuschleusen o auf den Jogginghosen-Boom zu reagieren [La máquina de los precios; Inteligencia artificial contra el instinto humano: Cómo los datos ayudan a obtener mayores márgenes, a desprenderse de los vagos o a responder al boom de los pantalones de deporte]. Textiwirtschaft, 25 de marzo de 2021.

4. Fuente: Horváth (2022).

5. Fuente: Horváth (2022).

Capítulo 8

1. Farouky, J. (2007). Por qué la estratagema del CD gratuito de Prince funcionó. *Time*, 18 de julio. http://content.time.com/time/arts/article/0,8599,1644427,00.html

2. O'Reilly, Terry (2013). Líderes de la pérdida: Cómo se benefician las empresas al perder dinero. CBC Radio: *Under the Influence*, 20 de abril. https://www.cbc.ca/player/play/1616745539711 (consultado el 13 de septiembre de 2021).

3. https://fortune.com/company/alphabet/fortune500/

4. *The Guardian*, Muchos vuelos de Ryanair podrían ser gratuitos en una década, dice su jefe. https://www.theguardian.com/business/2016/nov/22/ryanair-flights-free-michael-oleary-airports

5. Folleto de Trony: Compre 3, pague 2, julio 2021. https://www.mondovolantino.it/cataloghi/trony/volantini/1723

6. Liu, C.Z., Yoris, A.A. y Hoon, C.S. (2015). Efectos de la estrategia *freemium* en el mercado de las aplicaciones móviles: Un estudio empírico de Google Play. *Journal of Management Information Systems* 31 (3): 326-354.

7. Sitio web de Microsoft (2022). Gana recompensas solo por buscar en Bing. https://www.microsoft.com/en-us/bing/defaults-rewards (consultado el 1 de enero de 2022).

8. Sitio web de Miles & More (2022). https://www.miles-and-more.com/de/de/program/daily-benefits/milespay.html (consultado el 1 de enero de 2022).

9. Revista de negocios Outside (2008). Un gimnasio danés ofrece la afiliación gratuita, a menos que no te presentes. 29 de septiembre. https://www.outsidebusinessjournal.com/brands/danish-gym-offers-free-membership-unless-you-dont-show-up/

10. Herstand, A. (2014). ¿Hay que pagar por jugar? Estas son las ofertas de los peores a los mejores clubes del mundo. *Digital Music News*, 16 de abril. https://www.digitalmusicnews.com/2014/04/16/should-you-pay-to-play/

11. Sitio web gratuito de Conference Call.com: https://www.freeconferencecall.com/international/de/en/?marketing_tag=FCCIN_PPC_GB_ DE_EN_0044 &gclid=CjwKCAjw7fuJBhBdEiwA2lMYf35-4XY3zxKDPzMh5q41D8nP742 QnadVDPV5lYV6p_wFz4wAQ1em xoCpxUQAvD_BwE

12. Antes de que fuese cambiado el modelo de precios.

13. Pietschmann, C. (2020). Microsoft para las startups: Azure gratis y otros beneficios. *Build5Nines*, 14 de enero. https://build5nines.com/microsoft-for-startups-free-azure-and-other-benefits/

Capítulo 9

1. Balch, Oliver (2015). Is sympathetic pricing anything more than a novelty? *The Guardian*, 9 de abril.

2. Informe de tendencias globales (2014). Sympathetic pricing. trendwatching.com, junio. https://www.trendwatching.com/trends/sympathetic-pricing

3. Lies, Elaine (2014). Los hombres japoneses calvos entran en el nuevo restaurante de Tokio, con orgullo. *Reuters,* 9 de mayo.

4. Walsh, Michael (2013). La cafetería Petite Syrah de Niza, Francia, basa el precio del café en los modales de los clientes. *New York Daily News*, 11 de diciembre.

Capítulo 10

1. Everlane, El evento anual Choose What You Pay. https://www.ever-lane.com/choose-what-you-pay

2. *Business Insider* (2020). Las grandes rebajas "Adiós 2020" de Everlane incluyen sus zapatillas de ballet de punto ultracómodas, jerséis de cachemira y zapatillas deportivas. https://www.businessinsider.com/everlane-sale-choose-what-you-pay?r=US&IR=T

3. People (2020). Esta marca querida por Meghan Markle te permite elegir lo que pagas hoy. https://people.com/style/shop-everlane-choose-what-you-pay-sale/

4. Baldwin, C. (2020). La venta "Elige lo que pagas" de Everlane está llena de cosas que quieres ahora mismo. *Forbes,* 13 de mayo. https://www.forbes.com/sites/forbes-personal-shopper/2020/05/13/everlane-choose-what-you-pay-sale-is-full-of-perfect-summer-basics/?sh=3ddf8ace5cb0

5. Townsend, T. (2015). Everlane deja que los clientes elijan los precios hasta Nochevieja. Inc.com, 29 de diciembre. https://www.inc.com/tess-townsend/everlane-tells-customers-pay-what-you-want.html

6. https://www.breadpayments.com/blog/these-3-brands-succeed-by-letting-customers-pay-what-they-want

7. Ídem anterior.

8. Kim, Ju-Young, Natter, Martin y Spann, Martin (2009). Paga lo que quieras: Un nuevo mecanismo de precios participativos. Journal of Marketing 73: 44-58. https://www.ecm.bwl.uni-muenchen.de/publikationen/pdf/pwyw_jm.pdf

9. https://londoncashmerecompany.com/pages/what-is-choose-what-you-pay

10. 7-Eleven: Pon tu propio precio a los Slurpees el sábado 11/7. Fortune (2013) Paga el precio que quieras (incluso 1¢) por el Slurpee en 7-Eleven el 11/7. *Fortune,* 3 de noviembre. https://fortune.com/2015/11/03/free-slurpee-7-eleven-name-your-own-price/

11. También se conoce como precio orientado al cliente, interactivo o subjetivo.

12. Allwetterzoo Münster (2013). Fünf Mal so viele Besucher dank "Pay what you want". 13 de enero. https://www.welt.de/regionales/duesseldorf/article113280670/Fuenf-Mal-so-viele-Besucher-dank-Pay-what-you-want.html

13. Abel, A. (2021). En este adorable hotel italiano, la nueva idea es pagar lo que quieras y pagar lo del siguiente. *Forbes*, 24 de mayo. https://www.forbes.com/sites/annabel/2021/03/24/at-this-adorable-italian-hotel-the-new-idea-is-pay-what-you-want-and-pay-it-forward/?sh=72b182566c14

14. Sosta sospesa — OmHom: https://www.forbes.com/sites/annabel/2021/03/24/at-this-adorable-italian-hotel-the-new-idea-is-pay-what-y-pay-it-forward/?sh=72b182566c14

15. Traveller.com (2009). Un nuevo hotel de Singapur ofrece tarifas "paga lo que quieras". https://www.traveller.com.au/new-singapore-hotel-offers-pay-what-you-want-rates-7zbt

16. ¡Zahlt doch, was ihr wollt! Teatro Schmidtchen, Reeperbahn: https://www.tivoli.de/service-kontakt/unsere-theater/schmidtchen/unbedingt/zahlt-doch-was-ihr-wollt/

17. Schauspielhaus Zürich (2022). Paga lo que quieras. https://www.schauspielhaus.ch/es/1757/pay-as-much-as-you-want

18. Jazzy (2021). 13 restaurantes de pago por el mundo. Road Affair, 8 de diciembre. https://www.roadaffair.com/pay-what-you-want-restaurants/

19. Evening Standard (2015). https://www.standard.co.uk/go/london/the-london-restaurants-that-letting-you-pay-what-you-want-a2324096.html

20. Salaky, K. (2020). Burger King ofrece hoy "paga lo que quieras" en los whoppers. delish.com, 5 de septiembre. https://www.delish.com/food-news/a34163110/burger-king-whopper-pay-what-you-want/

21. https://support.humblebundle.com/hc/en-us/articles/204387088-Pay-What-You-Want-and-Contribution-Sliders

22. Feccomandi, A. (2020). The amazing success of the "pay what you want" model. *bibisco blog*, 20 de diciembre. https://bibisco.com/blog/the-amazing-success-of-the-pay-what-you-want-model/

23. Museo del Diseño Red Dot (2022). ¿Cuánto le gustaría pagar por su entrada? https://www.red-dot-design-museum.org/essen/visita/admisión/paga-lo-que-quieras

24. Página web de Kalepa: https://www.thekalepagroup.com/customer-experience-inspiration-sessions/

25. https://theedinburghreporter.co.uk/2021/08/leiths-pay-what-you-want-bookshop/

26. About Us — OpenBooks.com (consultado el 28 de agosto de 2021).

27. Liga canadiense (2021). El Atlético Ottawa presenta una oferta de entradas "paga lo que quieras" para el primer partido en casa. canpl.ca, 18 de julio. https://canpl.ca/article/atletico-ottawa-unveils-pay-what-you-want-ticket-offer-for-first-ever-home-match

28. https://www.nbcnews.com/business/consumer/new-activehours-app-lets-you-pay-your-paycheck-n170791

29. https://michaelstipe.com

30. Sitio web de Bandcamp: https://bandcamp.com/tag/name-your-price (consultado el 22 de agosto de 2021).

31. https://www.garmentory.com/static/garmentory

32. Conlan, E. (2011). ¿Es Gap "My Price" la nueva línea de precios para la ropa? *SHEFinds*, 12 de mayo. https://www.shefinds.com/is-gap-my-price-the-new-priceline-for-clothing/

33. eBay (2022). Haciendo una mejor oferta. https://www.ebay.com/help/buying/buy-now/making-best-offer?id=4019

34. Booking Holdings Inc. (BKNG): https://finance.yahoo.com/quote/BKNG?p=BKNG&.tsrc=fin-srch

35. https://www.statista.com/statistics/225455/booking-holdings-total-revenue/

36. 2021 https://www.priceline.com/static-pages/best-price-guarantee.html

Capítulo 11

1. Was darf Kaffee kosten? *Süddeutsche Zeitung*, 23 de diciembre de 2016.

2. Entrevista entre Kai-Markus Müller y Danilo Zatta, febrero de 2022.

3. Prelec, D. y Loewenstein, G. (1998) El rojo y el negro: La contabilidad mental del ahorro y la deuda. *Marketing Science* 17 (1): 4-28.

4. https://faculty.washington.edu/jdb/345/345%20Articles/Iyengar%20%26%20Lepper%20(2000).pdf

Capítulo 12

1. Sitio web de HP (2022). https://instantink.hpconnected.com/uk/en/l/v2 (consultado el 3 de enero de 2022).

2. McKinsey Digital (2015). Reborn in the Cloud. https://www.mckinsey.com/business-functions/mckinsey-digital/our-insights/reborn-in-the-cloud

3. Ídem anterior.

4. Ídem anterior.

SOBRE EL AUTOR

Danilo Zatta es uno de los principales asesores del mundo y líder de opinión en el campo de la fijación de precios y la excelencia de primera línea. Como consultor de gestión durante más de 25 años, asesora y entrena a muchas de las organizaciones más conocidas del mundo. Ha dirigido cientos de proyectos, tanto a nivel nacional como mundial, para multinacionales, pequeñas y medianas empresas, y para el sector privado, así como para fondos de inversión en numerosos sectores, generando importantes aumentos de beneficios. Su labor de asesoramiento suele centrarse en programas de excelencia en materia de precios y ventas, crecimiento de los ingresos, estrategias corporativas, transformaciones de la línea de producción y rediseño de los modelos de negocio e ingresos.

Ha sido director general, socio y director gerente en algunas de las principales empresas de consultoría del mundo, creando subfiliales internacionales, prácticas de precios y ventas y fomentando el crecimiento. Dan también ha escrito 20 libros, entre ellos *Revenue Management in Manufacturing* (Springer, 2016). Ha publicado cientos de artículos en diferentes idiomas y actúa regularmente como orador principal en conferencias, eventos, asociaciones y en las principales universidades. También apoya como coach personal a varios CEOs de empresas líderes.

Se graduó con honores en economía y comercio en la Luiss de Roma y en el University College de Dublín (Irlanda). Obtuvo un MBA en el

INSEAD de Fontainebleau (Francia) y en Singapur. Por último, realizó un doctorado en gestión de ingresos y fijación de precios en la Universidad Técnica de Múnich (Alemania).

Conecte con Dan en LinkedIn. Si desea hablar con Dan sobre cualquier trabajo de asesoramiento o sobre sus compromisos como conferenciante, póngase en contacto con él por correo electrónico en: danilo. zatta@alumni.insead.edu